Forschungsberichte

Band 88

Berichte aus dem
Institut für Werkzeugmaschinen
und Betriebswissenschaften
der Technischen Universität
München

Herausgeber:
Prof. Dr.-Ing. G. Reinhart
Prof. Dr.-Ing. J. Milberg

Springer-Verlag Berlin Heidelberg GmbH

Stefan Linner

Konzept einer integrierten Produktentwicklung

Mit 67 Abbildungen

Springer-Verlag Berlin Heidelberg GmbH

Dipl.-Ing. Stefan Linner
Institut für Werkzeugmaschinen und Betriebswissenschaften (iwb), München

Univ.-Prof. Dr.-Ing. G. Reinhart
o. Professor an der Technischen Universität München
Institut für Werkzeugmaschinen und Betriebswissenschaften (iwb), München

Univ.-Prof. Dr.-Ing. J. Milberg
o. Professor an der Technischen Universität München
Institut für Werkzeugmaschinen und Betriebswissenschaften (iwb), München

D 91

ISBN 978-3-540-59016-3   ISBN 978-3-662-08170-9 (eBook)
DOI 10.1007/978-3-662-08170-9

Gesamtherstellung: Hieronymus Buchreproduktions GmbH, München.
SPIN: 10497267   62/3020-543210

Geleitwort der Herausgeber

Die Produktionstechnik ist für die Weiterentwicklung unserer Industriegesellschaft von zentraler Bedeutung. Denn die Leistungsfähigkeit eines Industriebetriebes hängt entscheidend von den eingesetzten Produktionsmitteln, den angewandten Produktionsverfahren und der eingeführten Produktionsorganisation ab. Erst das optimale Zusammenspiel von Mensch, Organisation und Technik erlaubt es, alle Potentiale für den Unternehmenserfolg auszuschöpfen.

Um in dem Spannungsfeld Komplexität, Kosten, Zeit und Qualität bestehen zu können, müssen Produktionsstrukturen ständig neu überdacht und weiterentwickelt werden. Dabei ist es notwendig, die Komplexität von Produkten, Produktionsabläufen und -systemen einerseits zu verringern und andererseits besser zu beherrschen.

Ziel der Forschungsarbeiten des *iwb* ist die ständige Verbesserung von Produktentwicklungs- und Planungssystemen, von Herstellverfahren und Produktionsanlagen. Betriebsorganisation, Produktions- und Arbeitsstrukturen und Systeme zur Auftragsabwicklung im Unternehmen werden unter besonderer Berücksichtigung mitarbeiterorientierter Anforderungen entwickelt. Die dabei notwendige Steigerung des Automatisierungsgrades darf jedoch nicht zu einer Verfestigung arbeitsteiliger Strukturen führen. Fragen der optimalen Einbindung des Menschen in den Produktentstehungsprozeß spielen deshalb eine sehr wichtige Rolle.

Die im Rahmen dieser Buchreihe erscheinenden Bände stammen thematisch aus den Forschungsbereichen des *iwb*. Diese reichen von der Produktentwicklung über die Planung von Produktionssystemen hin zu den Bereichen Fertigung und Montage. Steuerung und Betrieb von Produktionssystemen, Qualitätssicherung, Verfügbarkeit und Autonomie sind Querschnittsthemen hierfür. In den *iwb*-Forschungsberichten werden neue Ergebnisse und Erkenntnisse aus der praxisnahen Forschung des *iwb* veröffentlicht. Diese Buchreihe soll dazu beitragen, den Wissenstransfer zwischen dem Hochschulbereich und dem Anwender in der Praxis zu verbessern.

Joachim Milberg   *Gunther Reinhart*

Vorwort

Die vorliegende Dissertation entstand neben meiner Tätigkeit am Institut für Produktionstechnik GmbH (ifp).

Besonders danken möchte ich Herrn Professor Dr.-Ing. J. Milberg, dem Leiter des Lehrstuhls für Werkzeugmaschinen und Betriebswissenschaften (iwb) an der Technischen Universität München sowie des oben genannten Instituts, für die wohlwollende Unterstützung und großzügige Förderung, die entscheidend zur erfolgreichen Durchführung dieser Arbeit beigetragen hat.

Herrn Professor Dr.-Ing. K. Ehrlenspiel, dem Leiter des Lehrstuhls für Konstruktion im Maschinenbau an der Technischen Universität München, danke ich für die Übernahme des Korreferates und die kritische Durchsicht der Arbeit.

Des weiteren danke ich Herrn Professor Dr.-Ing. Christoph Maier, dem Geschäftsführer des Instituts für Produktionstechnik, für die stete Unterstützung und berufliche Förderung sowie die langjährige gute Zusammenarbeit.

Mein Dank gilt weiter den Teilnehmern des Industriearbeitskreises "Moderne CIM-Strukturen" für Ihre hilfreichen Hinweise und wertvollen Anregungen.

Darüberhinaus möchte ich allen Mitarbeiterinnen und Mitarbeitern des Instituts und allen Studenten, die mich bei der Erstellung meiner Arbeit unterstützt haben, recht herzlich danken.

München, im September 1994   *Stefan Linner*

Meinen Eltern

Inhaltsverzeichnis

Abkürzungsverzeichnis

AP	Arbeitsplanung
CAD	Computer Aided Design
FP	Fertigungsplanung
K	Konstruktion
MP	Montageplanung
PLZ	Produktlebenszeiten
Q	Qualitätswesen
SE	Simultaneous Engineering

Verwendete Formelzeichen

Zeichen	Bedeutung
P, Q	Punktbezeichnung
i	Index
x, y, z	Punktkoordinaten
$K1 - K2$	Boolsche Subtraktion von K1 und K2
$K1 + K2$	Boolsche Addition von K1 und K2
$K1 \cap K2$	Boolsche Intersektion von K1 und K2
α, β	Winkel
$\vec{u}, \vec{v}, \vec{w}$	Vektoren
$\vec{n}$	Normalenvektor einer Fläche
$\vec{u} \cdot \vec{v}$	Skalarprodukt zweier Vektoren
$\vec{u} \times \vec{v}$	Vektorprodukt zweier Vektoren

1 Einführung

1.1 Ausgangssituation

Um wettbewerbsfähig zu bleiben, müssen sich Unternehmen an die sich kontinuierlich verändernden Marktbedingungen anpassen:

Die Zeiten quantitativen Wachstums und damit großer Stückzahlen gehen zu Ende. Differenzierte Kundenwünsche erhöhen die Variantenvielfalt und führen zu komplexeren Produkten [MILB 91].

Die Verschärfung des internationalen Wettbewerbs, insbesondere die Konkurrenz aus dem asiatischen Wirtschaftsraum, hat einen erhöhten Kostendruck zur Folge. Hierbei wirken sich die hohen Lohnkosten in Deutschland zusätzlich negativ aus. Hohe Stückzahlen werden daher vermehrt in Billiglohnländern gefertigt.

Es kommt hinzu, daß der technologische Vorsprung der deutschen Industrie gegenüber der internationalen Konkurrenz rasch schwindet und in einigen Branchen bereits nicht mehr vorhanden ist [WILL 91].

Weiterhin ist eine zunehmende Innovationsdynamik zu beobachten. Immer neue Produkte, nicht zuletzt aufgrund der hohen Entwicklungsgeschwindigkeit der Mikroelektronik, führen zu einer immer kürzeren Vermarktungsdauer. Andererseits ist die bereits angesprochene höhere technische Komplexität und Variantenvielfalt der Produkte mit erhöhten Entwicklungskosten verbunden.

Bild 1-1 zeigt die Entwicklung von Produktlebenszeiten und Pay-Off Perioden für verschiedene Branchen. Die Gewinnzone, also der Zeitraum zwischen Pay-Off und Ende der Produktvermarktung, hat sich in den vergangenen zehn Jahren signifikant verengt. Im Bereich der Unterhaltungselektronik und des Computerbaus beispielsweise verkürzten sich die Produktlebenszeiten um 46% auf unter fünf Jahre. Im gleichen Zeitraum stieg die Amortisationszeit um 5,5% auf knapp vier Jahre an [BULL 90, SPUR 91].

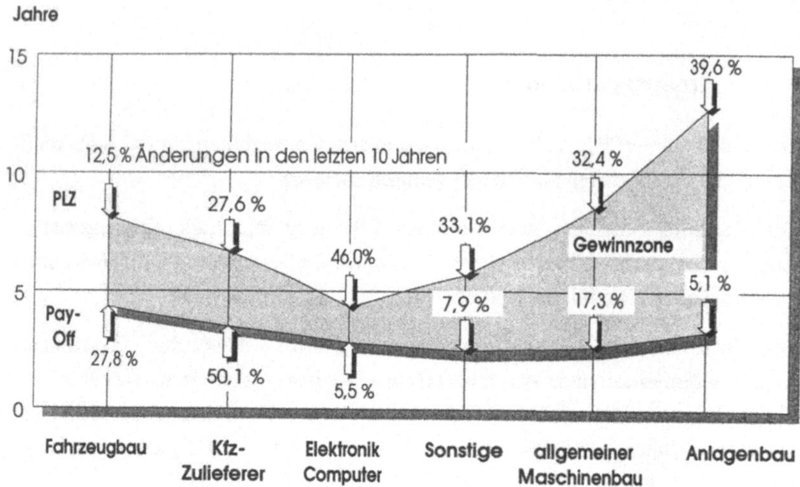

Bild 1-1:   *Entwicklung von Produktlebenszeiten und Pay-Off Perioden verschiedener Branchen [BULL 90]*

Die veränderten Randbedingungen erfordern eine Umorientierung der Wettbewerbsstrategie der Unternehmen. Standen bislang die Erhöhung der Produktivität und die Senkung von Material- und Fertigungskosten im Vordergrund, werden künftig neben Umweltaspekten und Flexibilität primäre Zielsetzungen die Erhöhung der Produktqualität und ein früher Markteintritt ("time to market") sein (Bild 1-2) [WEST 92, MILB 88]:

Das steigende Verbraucherbewußtsein in einem Käufermarkt macht den Markterfolg eines Produktes unmittelbar von der Produktqualität abhängig. Hinzu kommt die gestiegene Verantwortung des Herstellers durch das veränderte Produkthaftungsgesetz (Gefährdungshaftungsprinzip statt Verschuldensprinzip) [WEST 92, ADAM 91]. In einer Untersuchung gaben 97% der befragten Maschinenbauunternehmen **Qualität** und Funktionalität der Produkte als Konkurrenzvorteile im internationalen Wettbewerb an [BMFT 92].

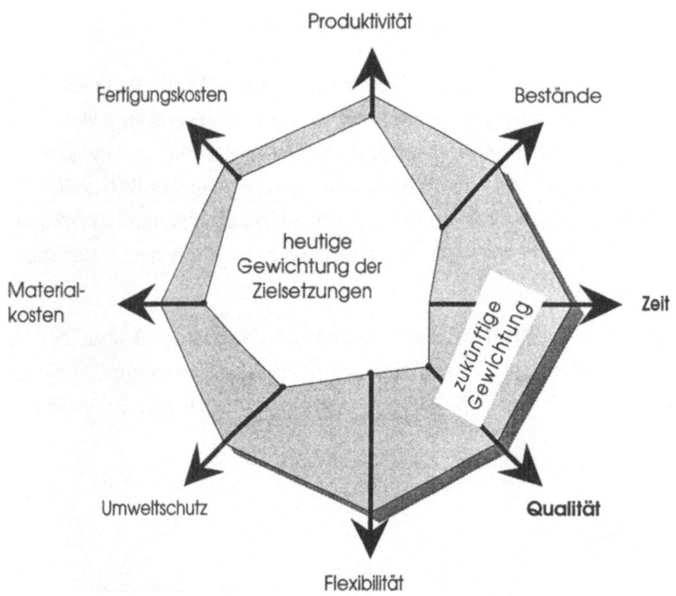

Bild 1-2:   Gewichtung der Zielsetzungen zur Entwicklung von wettbewerbsfähigen Unternehmensstrategien (nach [WEST 92])

Der Wettbewerbsfaktor **Zeit** läßt sich in der Forderung nach einem frühen Markteintritt formulieren. Ein Zeitvorsprung bei der Markteinführung ist über erzielte Erfahrung und Methodenwissen in einen Kostenvorteil umsetzbar. Aufgrund der geringeren Marktpräsenz der Wettbewerber sind bei einem frühen Markteintritt höhere Preise zu erzielen. In Verbindung mit der aufgeführten Reduzierung der Produktlebenszeiten wirkt sich ein Zeitvorteil auf eine Verbreiterung der Gewinnzone aus. Untersuchungen haben ergeben, daß eine Verlängerung der Entwicklungszeit um 6 Monate zu einer Ergebniseinbuße von 25 - 30% führen kann, während sich eine Erhöhung der Entwicklungskosten um 50% nur in einer Ergebniseinbuße von 5 - 10% niederschlägt. Zeitsparen durch kurze Durchlaufzeiten von der Produktidee bis zum fertigen Produkt verbessert somit die Wettbewerbssituation hinsichtlich möglicher Marktanteile und auch hinsichtlich der Kosten- und Preissituation [MILB 90a, MILB 91].

1.2 Ansatzpunkt Produktentwicklung

Bislang konzentrierten sich Maßnahmen zur Qualitätsverbesserung und Durchlaufzeitverkürzung innerhalb der technischen Auftragsabwicklung auf den direkten Produktionsbereich (Qualitätsprüfungen, Durchlaufzeiten in Fertigung und Montage). Zu wenig Beachtung fanden die der Produktion vorgelagerten Bereiche. Konstruktion und Arbeitsvorbereitung sind jedoch mit einem Anteil von 50 bis 60% die Hauptverursacher überlanger Durchlaufzeiten [EVER 90a].

Auch die Produktqualität wird hier maßgeblich festgelegt. Bis zu 75% der Produktfehler entstehen in Konstruktion und Arbeitsvorbereitung. Die Fehlerbehebung findet zu 80% bei der Endprüfung bzw. beim Einsatz des Produktes statt [WEST 92].

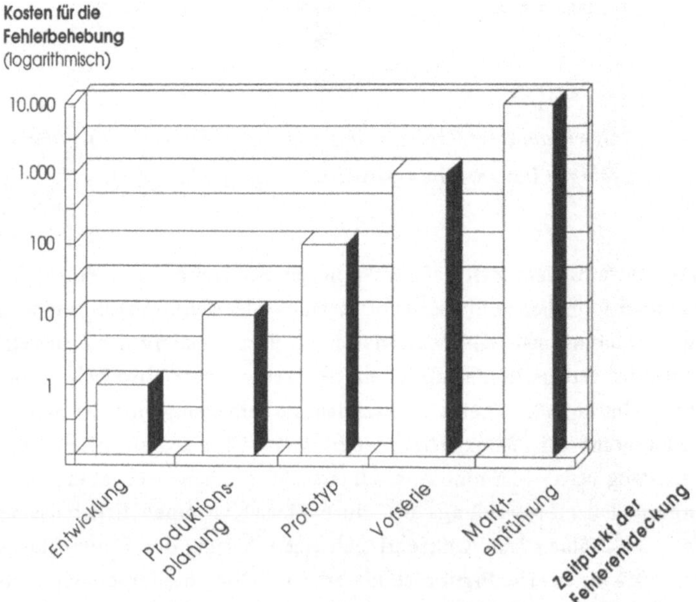

Bild 1-3:   Fehlerbehebungskosten in Abhängigkeit vom Zeitpunkt der Fehlerentdeckung (nach [SCHI 92])

Die späte Fehlererkennung führt zu stark erhöhten Fehlerbehebungskosten. Untersuchungen haben ergeben, daß die Kosten für die Behebung eines Fehlers sich mit dem Faktor 10 multiplizieren, je später im Entwicklungsprozeß der Fehler entdeckt wird (Bild 1-3) [SCHI 92, WILD 92].

Die Fehlerproblematik verdeutlicht die enge Vernetzung der Faktoren Zeit und Qualität: Die bei einer späten Fehlerentdeckung notwendigen Korrekturschleifen verursachen hohe Zeitverluste im Entwicklungsprozeß. Bei einem festgesetzten Liefertermin müssen für entdeckte Produktfehler unter Umständen schnell realisierbare "Notlösungen" gefunden werden, um Konventionalstrafen wegen Terminüberschreitung zu vermeiden.

Die geschilderten Probleme können unter anderem auf die streng arbeitsteiligen Strukturen in der konventionellen Auftragsabwicklung zurückgeführt werden (Bild 1-4).

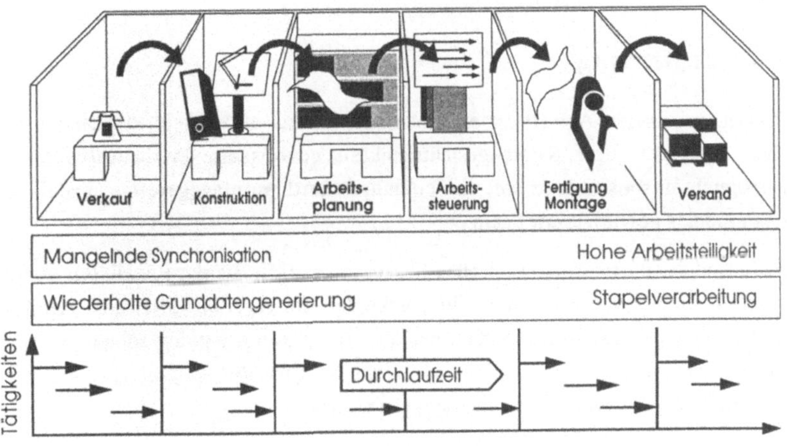

Bild 1-4:   Schwachstellen der Auftragsabwicklung [EHRL 85b, MILB 90a]

Die in Zeiten der Massenfertigung entstandenen arbeitsteiligen Strukturen basieren auf dem Grundgedanken, kleine Teilaufgaben zu bilden, die von Spezialisten besser und schneller gelöst werden können. Mit der Weiterentwicklung der Rechnertechnik wurden Hilfsmittel entwickelt, die die Ausführung dieser Teilaufgaben unterstützen oder automatisieren. Die arbeitsteilige Struktur wurde übernommen und durch die neuen Hilfsmittel gefestigt. Die sequentielle Abarbeitung der Teilaufgaben ist aufgrund mangelnder Synchronisation ein Hauptgrund für zu lange Auftragsdurchlaufzeiten [KOEP 91].

Die strikte Trennung der einzelnen Funktionsbereiche erschwert die Kommunikation und somit den Informationsrückfluß in die jeweils vorgelagerten Bereiche. Für den Bereich der Produktentwicklung führt dies zu unter Fertigungs- und Montagegesichtspunkten nicht optimalen Konstruktionen.

Eine Verbesserung kann nur eingeschränkt durch die Bereitstellung neuer Rechnerhilfsmittel erfolgen. Vielmehr müssen zunächst organisatorische Konzepte entwickelt werden, aus denen sich dann Anforderungen für optimale Rechnerwerkzeuge ableiten lassen.

1.3   Zielsetzung

Zielsetzung dieser Arbeit ist es, einen Ansatz zu entwickeln, der eine unter Zeit-, Qualitäts- und Kostengesichtspunkten verbesserte Produktentwicklung ermöglicht. Insbesondere soll die fertigungs- und montagegerechte Gestaltung des Produkts gewährleistet sein.

Aufgrund des dargestellten, großen Einflusses sollen die der Produktion vorgelagerten Bereiche hierbei im Mittelpunkt der Betrachtungen stehen. Abläufe und Formen der Zusammenarbeit bei der Produktentwicklung sollen neu festgelegt werden. Dabei soll neben der Verbesserung der Zusammenarbeit auch eine weitgehende Aufgabenintegration angestrebt werden.

Die Erarbeitung geeigneter Abläufe hat dabei zunächst unabhängig von zur Verfügung stehenden Rechnerhilfsmitteln zu erfolgen, um so eine schnelle Umsetzbarkeit und eine breite Anwendbarkeit zu erreichen. Erst nach der Festlegung einer veränderten Vorgehensweise soll betrachtet werden, welche Hilfsmittel zur Unterstützung der neuen Aufgabenstellungen dienen können.

Dabei sind sowohl vorhandene Rechnerhilfsmittel auf ihre Eignung zu untersuchen, als auch Anforderungen an neue Hilfsmittel zu entwickeln und soweit möglich prototypenhaft zu realisieren.

1.4 Vorgehensweise

Zunächst werden die Abläufe bei der Produktentwicklung analysiert (Kapitel 2). Schwerpunkte bilden hierbei die Betrachtung der Aufgaben von Konstruktion und Arbeitsplanung sowie die Ermittlung von Schwachstellen der heutigen Abläufe.

Kapitel 3 enthält eine Übersicht über den Stand der Technik bei der Produktentwicklung. Zur Verfügung stehende Hilfsmittel und Ansätze aus der Forschung werden dargestellt. Dabei werden sowohl organisatorische Maßnahmen als auch Rechnerhilfsmittel einbezogen.

In Kapitel 4 wird das Konzept einer neuen Vorgehensweise bei der Produktentwicklung erarbeitet. Dieses sieht primär Veränderungen in den Bereichen Produktmodell und Organisation vor, die in den Kapiteln 5 und 6 ausgearbeitet werden.

Kapitel 7 behandelt die Anforderungen, die an Rechnerhilfsmittel zur Unterstützung des Entwicklungsprozesses zu stellen sind. Dabei wird eine Unterscheidung zwischen organisatorisch und technisch orientierten Hilfsmitteln getroffen. Insbesondere wird auf die Bedeutung der Simulationstechnik eingegangen. Es werden die bereits verfügbaren Funktionalitäten und ihr Nutzen aufgezeigt. Weiterhin werden zielgerichtete Anforderungen an die Weiterentwicklung der Simulationswerkzeuge erarbeitet und ein wesentlicher Teilschritt prototypenhaft realisiert (Kapitel 8).

Kapitel 9 faßt die durchgeführten Arbeiten zusammen.

2 Analyse der Abläufe bei der Produktentwicklung

2.1 Inhalt dieses Kapitels

Ziel dieses Kapitels ist es, die Istsituation der Produktentwicklung darzustellen und Schwachstellen aufzuzeigen.

Hierzu werden zunächst einige Begriffsdefinitionen zur Beschreibung des Umfeldes der Produktentwicklung getroffen sowie der zu betrachtende Bereich abgegrenzt (Abschnitt 2.2). Aufgrund der Bedeutung für das weitere Vorgehen liegt der Schwerpunkt der folgenden Ausführungen in der Analyse von Aufgaben und Vorgehensweisen in Konstruktion (Abschnitt 2.3) und Arbeitsplanung (Abschnitt 2.4).

Die Darstellung der Vorgehensweise beim Konstruieren enthält einen kurzen Abriß der Konstruktionsmethodik. Innerhalb der Arbeitsplanung werden vorrangig Arbeitsplanerstellung (Abschnitt 2.4.2) und NC-Programmierung (Abschnitt 2.4.3) behandelt.

Abschließend werden Kernprobleme der dargestellten Vorgehensweise aufgezeigt. Hierzu werden neben einer Literaturauswertung eigene Analysen in Unternehmen eingebracht (Abschnitt 2.5).

2.2 Einordnung und Begriffsdefinitionen

Unter dem Begriff der **Produktentwicklung** sollen im folgenden alle Tätigkeiten verstanden werden, die zur Erreichung eines neuen, serienreifen Produktes erforderlich sind (also zum Beispiel auch die Mitwirkung "nicht-technischer" Bereiche wie Vertrieb oder Einkauf). Die Produktentwicklung endet nach diesem Verständnis mit der Produktionsfreigabe.

Der Begriff der Produktentwicklung ist eng mit dem der **technischen Auftragsabwicklung** verknüpft. Diese umfaßt alle Unternehmensbereiche, die ausgehend von der Erteilung des Konstruktionsauftrages bis zur Fertigmontage an der Herstellung eines Erzeugnisses beteiligt sind [MINO 75, REFA 73].

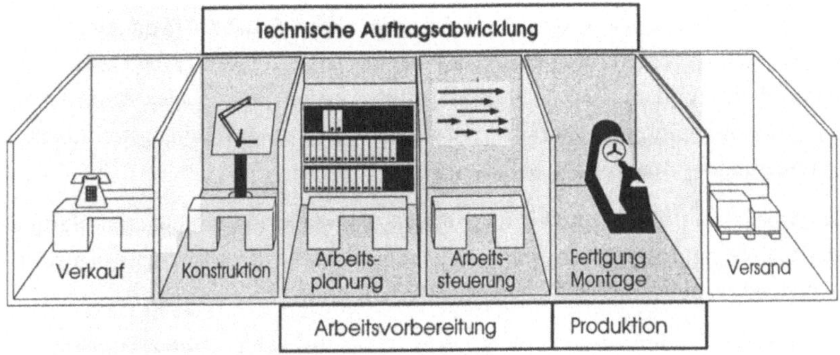

Bild 2-1:   *Einordnung und Gliederung der technischen Auftragsabwicklung (nach [KOEP 91])*

Diese Definition umfaßt die Bereiche Konstruktion, Arbeitsplanung, Arbeitssteuerung, Fertigung und Montage. Arbeitsplanung und Arbeitssteuerung bilden die Arbeitsvorbereitung, Fertigung und Montage die Produktion (Bild 2-1). (Diese Definition weicht von verschiedenen Literaturstellen ab, die alle Bereiche von der Konstruktion bis zur Montage der Produktion zurechnen.)

In der *Konstruktion* wird für ein vorgegebenes Problem eine technische Lösung entwickelt und in Funktion, Gestalt und Werkstoff festgelegt. Bei der *Arbeitsplanung* wird die technologische Realisierung der Wandlung von Rohteilen in Fertigteile vorbereitet.

Die *Arbeitssteuerung* umfaßt alle Maßnahmen, die für eine der Arbeitsplanung entsprechende Auftragsabwicklung erforderlich sind. In den Aufgabenbereich der Arbeitssteuerung fallen Materialdisposition, Termin- und Kapazitätsplanung und die Werkstattsteuerung. [EVER 80, REFA 73].

In *Fertigung* und *Montage* wird auf Basis der in den vorgelagerten Bereichen entstandenen Unterlagen und Vorgaben das Produkt hergestellt.

Innerhalb der technischen Auftragsabwicklung sind vor allem die Konstruktion und die Arbeitsplanung für die Produktentwicklung von Bedeutung: Spur weist auf die in der Orientierung auf die Bauteile eines Produkts begründeten Gemeinsamkeiten von Konstruktion und Arbeitsplanung hin [SPUR 84]: "Die Konstruktion kann als Geometrieverarbeitung unter funktionalen Anforderungen, die Arbeitsplanung als Geometrieverarbeitung unter fertigungstechnischen Anforderungen interpretiert werden."

Die Arbeitssteuerung ist nicht an der Produktentwicklung im Sinne der Geometrie- und Technologiedatenverarbeitung beteiligt und dadurch von Konstruktion und Arbeitsplanung klar abgegrenzt [KOEP 91].

In der Regel werden auch weitere, nicht zur technischen Auftragsabwicklung gehörende Bereiche, wie zum Beispiel Verkauf oder Kundendienst, in die Produktentwicklung eingebunden und stellen Informationen (z.B. Marktstudien, Qualitätsprobleme von Vorgängerprodukten) zur Verfügung.

Aufgrund ihrer zentralen Rolle bei der Produktentwicklung stehen die Bereiche Konstruktion und Arbeitsplanung im Mittelpunkt der weiteren Betrachtungen.

2.3   Aufgaben und Abläufe in der Konstruktion

2.3.1   Aufgaben der Konstruktion

Das Konstruieren umfaßt nach [VDI 2221] die Gesamtheit aller Tätigkeiten, mit denen - ausgehend von einer Aufgabenstellung - die zur Herstellung und Nutzung eines Produktes notwendigen Informationen erarbeitet werden und in der Festlegung der Produktdokumentation enden.

Beim Konstruieren eines technischen Gebildes werden, ausgehend von der geforderten Funktion, die Funktionsstruktur sowie Art, Anzahl, Anordnung, Gestalt, Dimension und Werkstoff der Elemente des Konstruktionsgegenstandes festgelegt und dokumentiert (Bild 2-2) [VDI 2210]. Als Elemente werden hierbei Teile des technischen Gebildes bezeichnet, die eine bestimmte Funktion erfüllen (z.B. Lagerung, Kraftübertragung). Die Anordnung enthält die räumliche

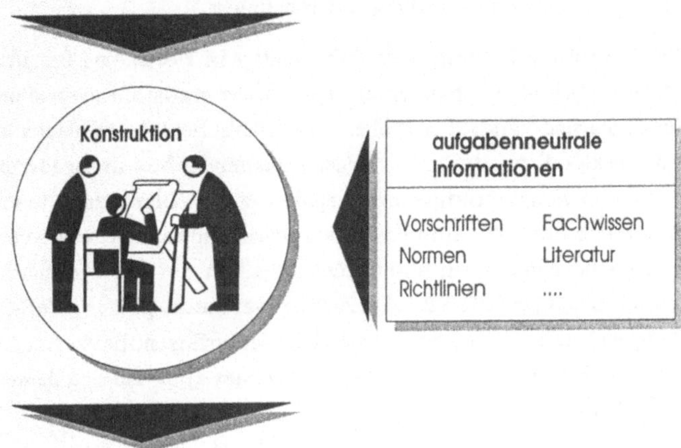

Bild 2-2:　Ein- und Ausgangsgrößen der Konstruktion

und funktionale Festlegung der Einzelelemente. Unter Gestalt ist die geometrische Form zu verstehen. Die Dimension legt die Abmessungen bei gleichbleibender Gestalt (Längen- und Winkelverhältnissen) fest.

Die Begriffe "Funktion" und "Funktionsstruktur" werden ausführlicher in Abschnitt 2.3.4 behandelt und daher dort definiert.

Die konstruktive Lösung wird dokumentiert in Form von Prinzipskizzen, Entwürfen, Stücklisten, Einzelteil- und Zusammenstellungszeichnungen. Prinzipskizzen sind handschriftliche, unmaßstäbliche Darstellungen des Konstruktionsobjektes. Einzelteilzeichnungen enthalten neben der maßstäblichen Teilegeometrie alle technologischen Angaben (z.B. Toleranzen), die zur Fertigung erforderlich sind. Zusammenstellungszeichnungen dokumentieren die räumliche Lage der Einzelteile und werden vor allem bei montageintensiven Erzeugnissen benötigt [EVER 82, VDI 2213]. (Eversheim gibt in [EVER 82] eine ausführlichere Aufstellung der Konstruktionsunterlagen, die z. B. auch Stromlaufpläne und Fundamentpläne enthält, bezeichnet aber die o. g. Unterlagen als die häufigsten.)

Das Konstruieren kann hinsichtlich des Ablaufes nach Konstruktionsphasen, hinsichtlich der Aufgabe nach Konstruktionsarten gegliedert werden.

2.3.2 Konstruktionsphasen

Entsprechend den durchzuführenden Haupttätigkeiten kann der Konstruktionsprozeß grob in vier Konstruktionsphasen gegliedert werden [PAHL 86]:

- **Planen / Aufgabe klären**   Festlegung der Konstruktionsaufgabe

- **Konzipieren**   prinzipielle Festlegung

- **Entwerfen**   gestalterische Festlegung

- **Ausarbeiten**   herstellungstechnische Festlegung

Die **Aufgabenklärung** dient der Festlegung und Präzisierung der Konstruktionsaufgabe. Von der Produktplanung (siehe auch [VDI 2220]) oder vom Kun-

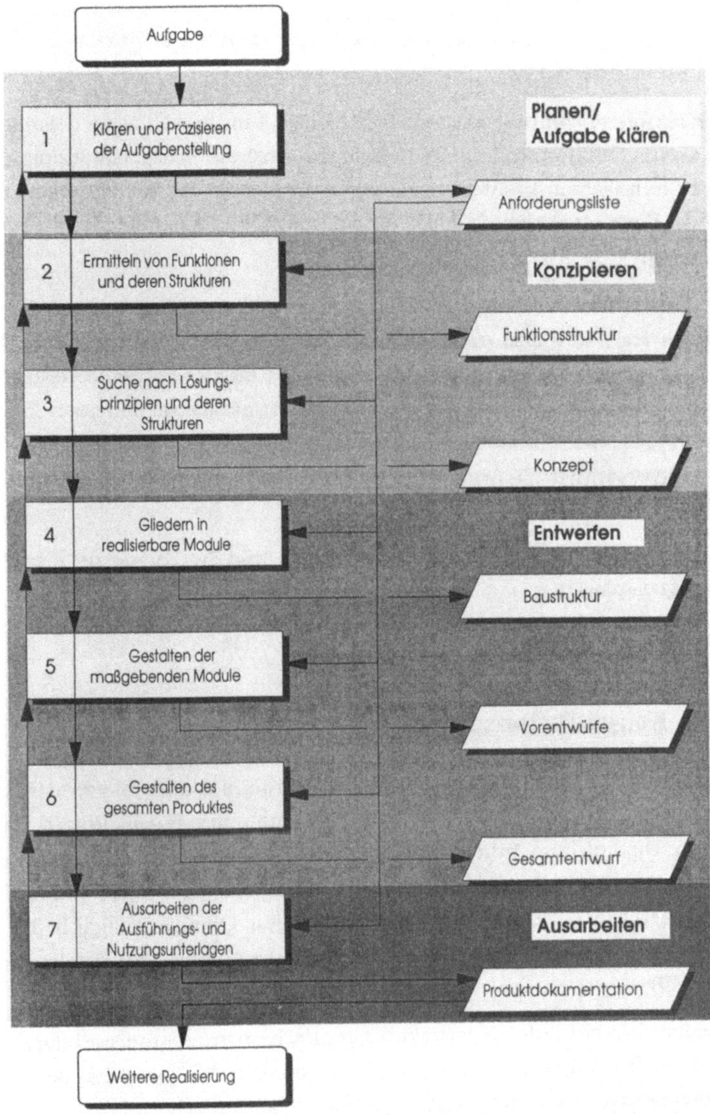

Bild 2-3:   *Arbeitsschritte und -ergebnisse in den Konstruktionsphasen (nach [EHRL 87, VDI 2221])*

den vorgegebene Aufgabenstellungen werden präzisiert und in eine Anforderungsliste umgesetzt.

Das **Konzipieren** umfaßt nach [VDI 2210] die Funktionsfindung (Festlegung einer Gesamtfunktion und der Teilfunktionen) und die Prinziperarbeitung (Finden von technischen Lösungsprinzipien zur Erfüllung der Teilfunktionen). Am Ende der Konzeptphase steht eine grob maßstäbliche Prinzipskizze der gewählten Lösung.

Beim **Entwerfen** wird ein maßstäblicher Entwurf erstellt, der technisch-wirtschaftlich analysiert und optimiert wird. Auf der Basis des endgültigen Entwurfs wird in der **Ausarbeitungsphase** die Gestalt der Einzelteile festgelegt. Arbeitsergebnis dieser Phase ist die Produktdokumentation, die neben Einzelteil-, Gruppen- und Gesamtzeichnungen auch Fertigungs-, Montage-, Prüf- und Transportvorschriften sowie Betriebsanleitungen oder Benutzerhandbücher umfassen kann [EHRL 87, VDI 2221].

Bild 2-3 gibt einen Überblick über die Inhalte und Ergebnisse der einzelnen Konstruktionsphasen.

2.3.3   Konstruktionsarten

Je nach Innovationsgrad werden Neukonstruktionen, Anpassungskonstruktionen, Variantenkonstruktionen und Konstruktionen mit festem Prinzip unterschieden. Die Extrema bilden dabei die Neukonstruktion, bei der noch keine Lösungsvorschläge bekannt sind und die Konstruktion mit festem Prinzip, bei der sich gegenüber bereits bekannten technischen Objekten lediglich die Dimension eines oder mehrerer Einzelteile (bei gleichbleibender Gestalt) ändert [VDI 2210].

Es werden nicht bei jeder Konstruktionsart alle Konstruktionsphasen durchlaufen. Eine Aufgabenklärung ist in jedem Fall sinnvoll. Die Zuordnung der restlichen drei Phasen zu den jeweiligen Konstruktionsarten zeigt Bild 2-4.

Nur bei der Neukonstruktion werden alle Konstruktionsphasen durchlaufen. Diese stellt somit den allgemeinen Fall dar. Zudem ist der Einfluß im Sinne ei-

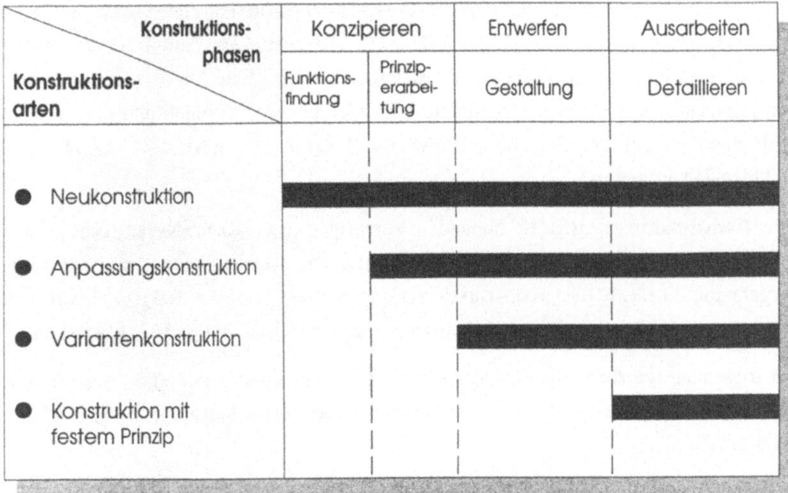

Bild 2-4:   Zuordnung von Konstruktionsphasen zu den Konstruktionsarten (nach [EVER 82])

ner produktionsgerechten Gestaltung am größten. Alle weiteren Konstruktionsarten bauen auf Vorgängern auf, die ihrerseits in letzter Konsequenz wieder auf Neukonstruktionen beruhen. Für die weiteren Ausführungen wird daher jeweils die Neukonstruktion betrachtet und mit dem Konstruktionsbegriff gleichgesetzt.

2.3.4   Konstruktionsmethodik

Mit der Konstruktionsmethodik werden Arbeitstechniken zur Verfügung gestellt, die die Abläufe beim Konstruieren technischer Produkte systematisieren, dokumentieren und die Lösungsfindung erleichtern sollen.

Eine Darstellung der Grundlagen methodischen Konstruierens findet sich in den VDI-Richtlinien [VDI 2221, VDI 2222], die die Erkenntnisse der unterschiedlichen Konstruktionsschulen zusammenfassen. Einen Überblick über deren inhaltliche Schwerpunkte gibt Beitz in [BEIT 89]; für ausführlichere Darstellungen sei auf [EHRL 85a, HUBK 84, KOLL 85, PAHL 86, RODE 84, ROTH 82] verwiesen.

Die Konstruktionsmethodik behandelt vorrangig das Konzipieren, eine Konstruktionsphase bei der die Funktionserfüllung im Vordergrund steht. Auf weitergehende Ansätze der Konstruktionswissenschaft, die zum Beispiel auf die Fertigungs- und Montagegerechtheit abzielen, wird in Kapitel 3 eingegangen.

Im folgenden werden die Grundlagen der Konstruktionsmethodik - soweit sie für die weiteren Gedanken von Bedeutung sind - kurz dargestellt [VDI 2221, VDI 2222]:

Wesentliche methodische Grundlage der Konstruktionsmethodik sind Nomenklatur und Instrumentarium der Systemtechnik. Unter einem technischen System wird die Gesamtheit von der Umgebung abgrenzbarer, geordneter und verknüpfter Elemente verstanden, die mit dieser durch technische Ein- und Ausgangsgrößen in Verbindung stehen [HUBK 84]. Mit diesem Systembegriff korreliert die Definition der Funktion nach [VDI 2222] als abstrakt beschriebener allgemeiner Wirkzusammenhang zwischen Eingangs-, Ausgangs- und Zustandsgrößen eines Systems zum Erfüllen einer Aufgabe.

Im Sinne der Problemlösungsmethodologie der Systemtechnik wird das Gesamtproblem (geforderte Gesamtfunktion) schrittweise in Teil- bzw. Einzelprobleme (Teilfunktionen) gegliedert, für die Teillösungen (Teilsysteme) gefunden werden können, deren Kombination das Gesamtsystem festlegt (Bild 2-5).

Abhängig von der betrachteten Ebene in Bild 2-5 stehen verschiedene Möglichkeiten zur Funktionsdarstellung zur Verfügung:

Die als Problemstellung formulierte Gesamtfunktion läßt sich als Black Box darstellen, die durch die Umwandlung von Input zu Output charakterisiert ist, wobei Stoff-, Energie- und Signalumsatz unterschieden werden (Bild 2-6).

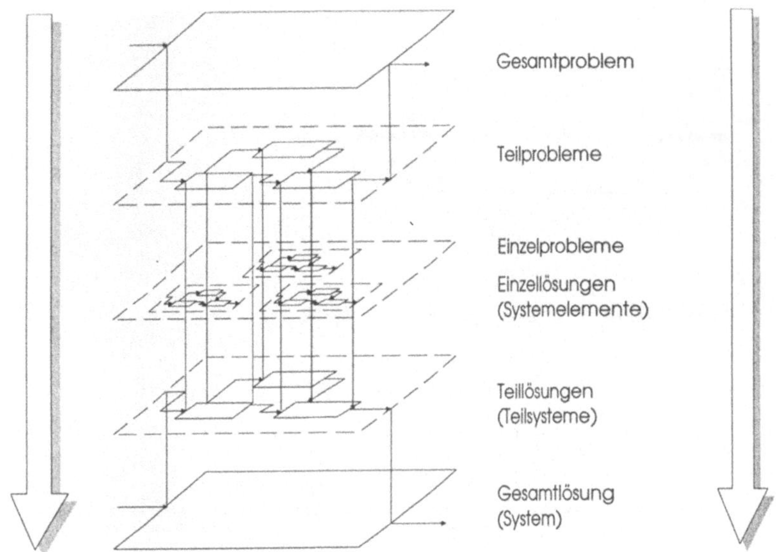

Bild 2-5:　　*Methode der Aufgliederung und Verknüpfung zur Problem- und Systemstrukturierung [VDI 2221]*

Um die Lösungssuche zu vereinfachen, kann die Gesamtfunktion in einzelne Teilfunktionen zerlegt werden. Diese können wiederum in ihre Unterfunktionen aufgeteilt werden. Dieser Vorgang wird fortgesetzt, bis ein für die Lösungssuche handhabbarer Komplexitätsgrad erreicht ist. Die Aufteilung der Gesamtfunktion kann graphisch als Funktionsgliederung dargestellt werden (Bild 2-6).

Bei zusätzlicher Darstellung der Verknüpfung der Teilfunktionen durch Stoff-, Energie- und Signalflüsse erhält man eine Funktionsstruktur. Die einzelnen Schulen der Konstruktionsmethodik unterscheiden sich hierbei vor allem durch die verwendete Symbolik und die Anzahl normierter Teilfunktionen (Darstellung in Bild 2-6 nach [EHRL 87]).

Black Box

Funktionsgliederung

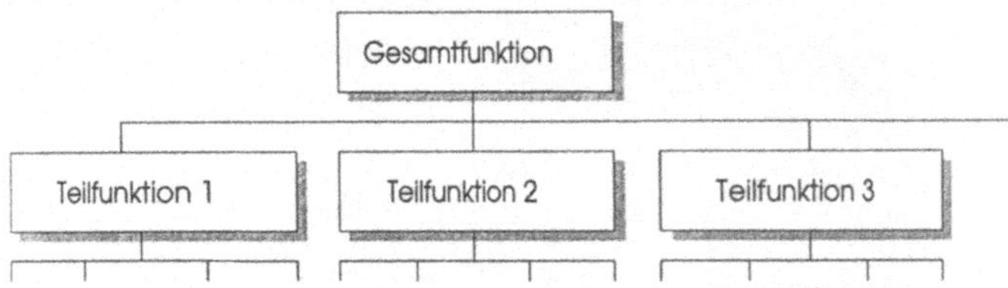

Funktionsstruktur

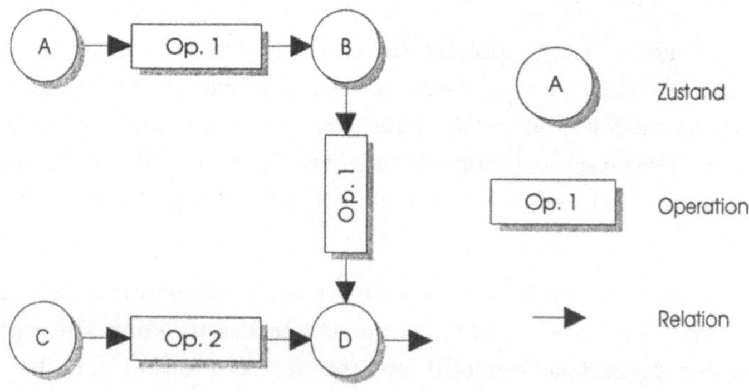

Bild 2-6:   *Verschiedene Modelle zur Funktionsbeschreibung [EHRL 87,*
             VDI 2222]

Auf der Basis der Funktionsstruktur werden im nächsten Schritt für alle Teilfunktionen Lösungsprinzipien gesucht. Hierzu stehen z. B. Kataloge mit physikalischen Effekten zur Verfügung (siehe z.B. [ROTH 82, VDI 2222]), die für bestimmte Funktionen (z.B. "Kraft erzeugen") Lösungsprinzipien (z.B. Gewicht, elektromagnetische Anziehung) enthalten. Durch Umsetzung der Lösungsprinzipien in prinzipielle technische Lösungen (Gestalt, Werkstoff, Kinematik) und Verknüpfung gemäß der Funktionsstruktur werden Prinziplösungen (Wirkstruktur) entwickelt.

Vor der Gestaltung wird die Prinziplösung in einzelne Module gegliedert. Für die wichtigsten Teilmodule werden Vorentwürfe erstellt, die dann zum Gesamtentwurf komplettiert werden.

Daran schließt sich die Phase des Ausarbeitens und das Erstellen der Dokumentation an (vgl. Kap. 2.3.2).

Allen Arbeitsschritten ist gemeinsam, daß jeweils mehrere Lösungsvarianten untersucht und bewertet werden sollten. Um die Lösungsvielfalt zu begrenzen, müssen nach bestimmten Arbeitsschritten jeweils Entscheidungen für eine Variante getroffen werden.

Die Vorgehensweise der Konstruktionsmethodik beinhaltet also eine vertikale Problemlösung, die das Lösen der Gesamtaufgabe (Neuentwicklung eines Produkts) in Teilschritten behandelt und eine horizontale Problemlösung, die sich auf das Bearbeiten der Teilschritte mit der Problemlösungsmethodik bezieht (Bild 2-7) [EHRL 87, GROE 90].

Methoden und Vorgehensweisen der Konstruktionsmethodik sind darauf abgestimmt, in der Konzeptionsphase eine möglichst große Lösungsvielfalt zu erzeugen, um die Fixierung auf eine Lösung zu verhindern und so eine optimale Lösungsfindung zu ermöglichen.

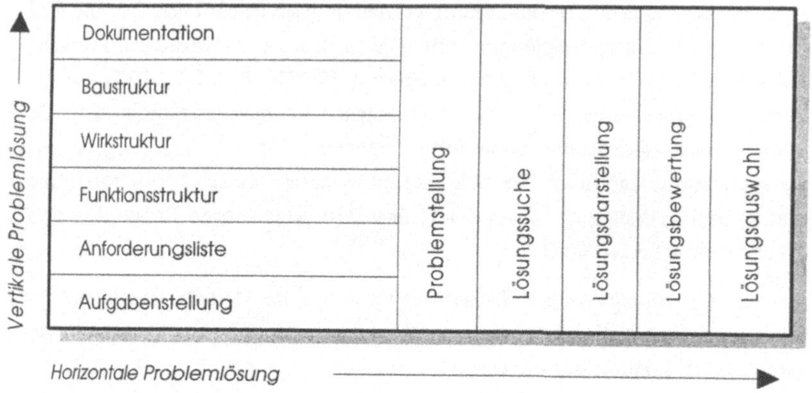

Bild 2-7:   Horizontale und vertikale Problemlösung bei der Produktentwicklung [EHRL 87, GROE 90]

2.4 Aufgaben der Arbeitsplanung

2.4.1 Grundlagen

Die Arbeitsplanung umfaßt alle einmalig auftretenden Planungsmaßnahmen, welche unter ständiger Berücksichtigung der Wirtschaftlichkeit die fertigungsgerechte Herstellung eines Erzeugnisses sichern [MINO 75, REFA 73].

Die Aufgaben der Arbeitsplanung können in die Arbeitssystemplanung und die Arbeitsablaufplanung gegliedert werden. Die Arbeitssystemplanung umfaßt dabei langfristige Aufgaben der Methoden- und Investitionsplanung, die von der Fabrikplanung bis zur Gestaltung einzelner Arbeitsplätze reichen können, während die Arbeitsablaufplanung die Erzeugung der für die Produktion erforderlichen Informationen und Unterlagen (z.B. Arbeitspläne, NC-Programme) beinhaltet [EVER 80, KOEP 91, WIEN 83].

Etwa 70 - 80% der Tätigkeiten bei der Arbeitsplanung entfallen auf die Arbeitsablaufplanung [KOEP 91]. Zudem besteht aufgrund der Orientierung auf das Produkt gegenüber der Arbeitssystemplanung eine engere Verflechtung mit der Konstruktion. Für die weiteren Betrachtungen soll daher innerhalb der Arbeitsplanung die Arbeitsablaufplanung im Vordergrund stehen.

Die Arbeitsablaufplanung basiert auf den von der Konstruktion erhaltenen Unterlagen, die im wesentlichen aus Zeichnungen (Einzelteilzeichnungen und Zusammenstellungszeichnungen) und Stücklisten besteht. Unter Verwendung der zur Verfügung stehenden Informationen (z. B. über Maschinenpark, vorhandene Werkzeuge, Unterlagen ähnlicher Produkte) werden folgende Ausgangsgrößen erarbeitet (Bild 2-8) [EVER 80]:

- Produktionsorientiertes Produktmodell:
  Die in der Konstruktion nach funktionalen Gesichtspunkten aufgestellten Stücklisten werden nach produktionstechnischen Erfordernissen gegliedert und geben z. B. darüber Aufschluß, welche Teile extern beauftragt werden und erst bei der Montage zu berücksichtigen sind.

- Arbeitspläne:
  Bei der Arbeitsplanerstellung werden die Arbeitsvorgangsfolge und die Arbeitsvorgangsdaten ermittelt. Der Arbeitsplan enthält alle für die Herstellung nötigen Arbeitsschritte. Es werden (hinsichtlich der Teilefertigung) unter anderem Maschinenfolge und Vorgabezeiten bestimmt. (Das Vorgehen bei der Arbeitsplanerstellung wird ausführlicher in Kap. 2.4.2 behandelt.)
  Zusätzlich zu den genannten, auftragsneutralen Daten enthält der Arbeitsplan auftragsspezifische Informationen, wie herzustellende Stückzahlen und Termine. Er ist somit auch ein Instrument der Kapazitäts- und Terminplanung.

- Fertigungsmittel:
  Neben den im Arbeitsplan festgehaltenen Maschinen und Werkzeugen können zur Herstellung Sonderwerkzeuge und Vorrichtungen erforderlich sein. Diese müssen beschafft oder konstruiert werden. Sie werden in Form von Zeichnungen und Stücklisten festgehalten.

- NC-Programme:
  Auch die Erstellung von Steuerprogrammen für NC-Maschinen (z.B. auch von Industrierobotern oder NC-Meßmaschinen) obliegt der Arbeitsplanung. Dabei werden neben dem eigentlichen NC-Programm weitere Festlegungen

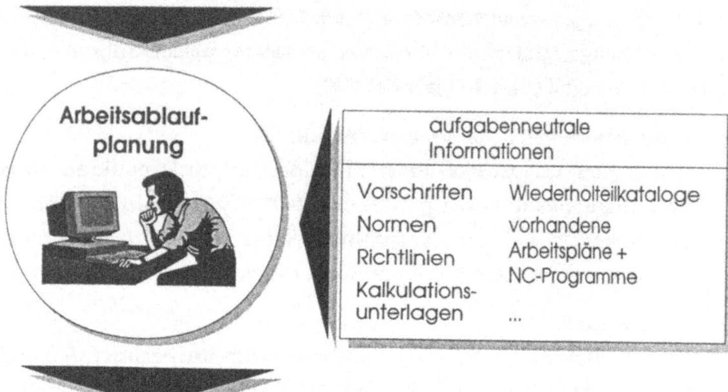

Bild 2-8:   *Ein- und Ausgangsgrößen der Arbeitsablaufplanung*

für die Bearbeitung getroffen und z. B. als Werkzeugliste und Spannskizze dokumentiert.

- Kalkulationen:
  In Zusammenhang mit der Vorgabezeitermittlung wird unter Berücksichtigung von Maschinen- und Personalkosten eine Vorkalkulation, also eine Prognose über die Herstellkosten abgegeben.

Der Begriff Arbeitsplan wird in Anlehnung an die Verwendung in der Literatur im folgenden auf die Teilefertigung bezogen. Dies liegt unter anderem darin begründet, daß sich für die Montage Arbeitspläne häufig auf die Anweisung "Zusammenbau nach Zeichnung" beschränken [KUMM 93]. Eine Montageplanung im eigentlichen Sinn findet häufig nicht statt.

Im folgenden werden **Arbeitsplan** (oder **Fertigungsplan**; Ersteller: Fertigungsplaner) und **Montageplan** (Ersteller: Montageplaner) unterschieden.

2.4.2   Aufgaben bei der Arbeitsplanerstellung

Ähnlich wie bei der Konstruktion (vgl. Kap. 2.3.3) unterscheidet man nach dem Innovationsgrad der Planungsaufgabe zwischen Neuplanung, Variantenplanung, Ähnlichkeitsplanung und Wiederholungsplanung. Bei der Wiederholungsplanung werden bei gleichbleibendem auftragsneutralen Arbeitsplan lediglich auftragsspezifische Daten ergänzt. Die Neuplanung stellt den allgemeinen Fall dar, bei dem keine vorhandenen Planungsergebnisse herangezogen werden können. Im folgenden wird daher aus den bereits in Kapitel 2.3.3 genannten Gründen vorrangig die Neuplanung behandelt. (Für eine ausführlichere Darstellung der Planungsarten sei auf [KOEP 91] verwiesen.)

Die bei einer Neuplanung durchzuführenden Tätigkeiten zeigt Bild 2-9. Zunächst muß die Zeichnung interpretiert werden. Anschließend werden ein geeignetes Rohteil und die Abfolge der Arbeitsschritte zur Erzeugung der Fertigteilgeometrie festgelegt. Dies beinhaltet auch die Auswahl der eingesetzten Maschinen. Im Rahmen der Arbeitsvorgangsermittlung werden die Vorgabezeiten bestimmt, die Grundlage für die Vorkalkulation sind.

Bild 2-9:   Aufgaben bei der Arbeitsplanerstellung (nach [KOEP 91])

Sofern Fertigungshilfsmittel (Vorrichtungen, Sonderwerkzeuge) benötigt werden, veranlaßt der Arbeitsplaner deren Beschaffung bzw. löst einen Auftrag an die Betriebsmittelkonstruktion aus.

2.4.3 Aufgaben bei der NC-Programmierung

Bei der NC-Programmierung werden aus Einzelteilzeichnung und Arbeitsplan Steuerinformationen für NC-Maschinen erzeugt. Das NC-Programm enthält die geometrischen Angaben für alle Werkzeugbewegungen, die zur Herstellung des Werkstücks erforderlich sind. Weiterhin enthält das NC-Programm technologische Angaben, beispielsweise Schnittgeschwindigkeit und Vorschub sowie Zusatzinformationen wie Werkzeugwechsel oder Kühlschmiermittelzufuhr. Das NC-Programm kann als Detaillierung der Arbeitsplanes in einer der Maschinensteuerung verständlichen Form aufgefaßt werden [EVER 80].

Bei der NC-Programmierung werden zunächst Zeichnung und Arbeitsplan interpretiert, um die Bearbeitungsaufgabe zu erfassen. Sofern keine Spannvorrichtung bei der Arbeitsplanerstellung vorgegeben wurde, legt der NC-Programmierer die Werkstückspannung mit vorhandenen Spannmitteln fest. Bei der eigentlichen Programmerstellung werden die Arbeitsschritte zur Umwandlung des Rohteils in das Fertigteil festgelegt und die erforderlichen Werkzeuge ausgewählt. Nach der Ermittlung der technologischen Daten (Schnittiefe, Drehzahlen etc.) werden die Werkzeugwege festgelegt und das Programm der Steuerungssyntax entsprechend codiert.

2.4.4 Zusammenwirken der Funktionsbereiche

In der Regel stellen die Funktionen Arbeitplanerstellung, NC-Programmierung und Betriebsmittelkonstruktion getrennte Abteilungen dar, deren Zusammenwirken Bild 2-10 vereinfacht darstellt:

Auf Basis der Konstruktionszeichnung erfolgt zunächst die Arbeitsplanerstellung. Es wird ermittelt, ob die erforderlichen Betriebsmittel vorhanden sind (z. B., wenn ein Spannbaukasten zur Werkstückfixierung eingesetzt wird) oder Sonderbetriebsmittel benötigt werden. Gegebenenfalls wird ein Konstruktionsauftrag an die Betriebsmittelkonstruktion erteilt.

Arbeitsplan und Zeichnung werden an die NC-Programmierung weitergegeben, die Spannpläne und Steuerprogramme erzeugt und an die Fertigung weitergibt.

Da sich die Fertigungsabläufe für ähnliche Teile gleichen, werden die Mitarbeiter des Funktionsbereichs Arbeitsplanerstellung häufig nach Bauteilgruppen gegliedert. Der Arbeitsplaner muß über technologisches Fachwissen für alle

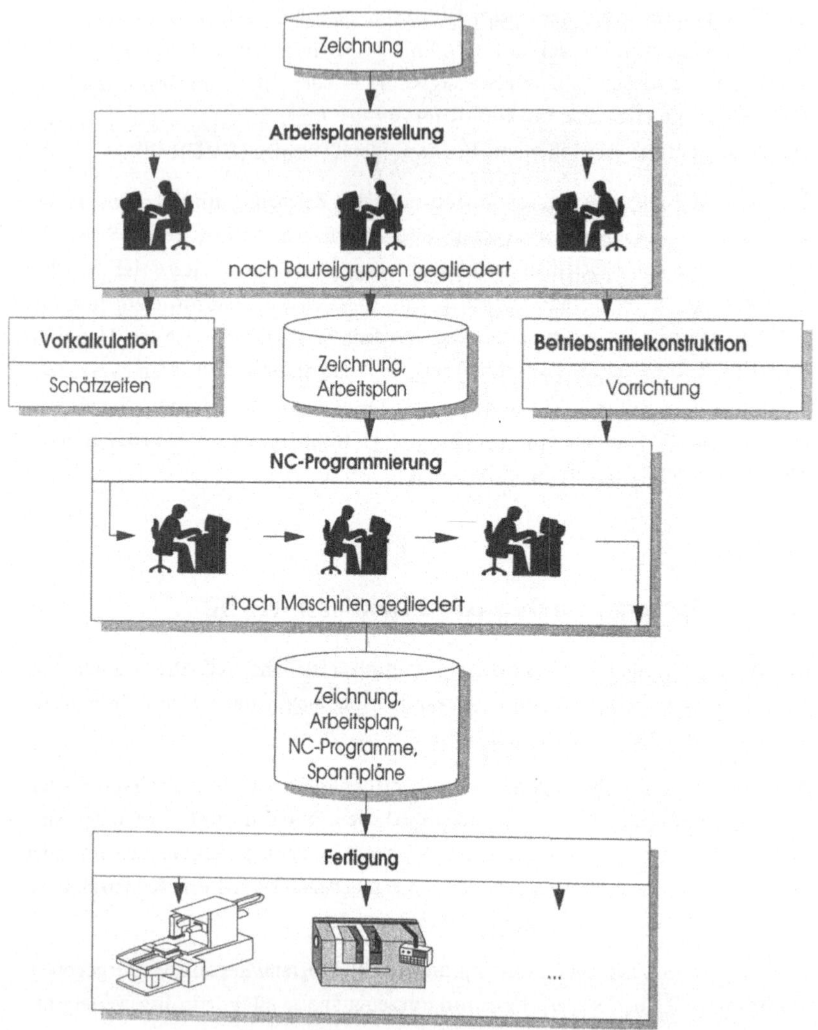

*Bild 2-10:   Zusammenwirken von Arbeitsplanerstellung, NC-Programmie-
rung und Betriebsmittelkonstruktion*

auftretenden Bearbeitungen (z.B. spanende Bearbeitung, Oberflächenbehandlung) verfügen.

Der NC-Programmierer benötigt für seine Tätigkeit ein ausgeprägtes Detailwissen über die Eigenschaften der programmierten Maschine (Technologie, Genauigkeit, Steuerung etc.). Eine Gliederung innerhalb der NC-Programmierung wird daher meist nach Maschinen bzw. Maschinengruppen vorgenommen. Erfährt ein Bauteil in Folge NC-Bearbeitungen auf unterschiedlichen Maschinen, so durchläuft das Bauteil unter Umständen mehrere NC-Programmierer.

Die Montageplanerstellung (sofern durchgeführt) ist weitgehend unabhängig von Arbeitsplanerstellung und NC-Programmierung und kann auf der Basis von Zeichnungen und Stücklisten erfolgen. Gegebenfalls sind benötigte Vorrichtungen oder Montagehilfsmittel bei der Betriebsmittelkonstruktion zu beauftragen.

2.5   Schwachstellen bei der Produktentwicklung

2.5.1   Problematik arbeitsteiliger Strukturen

Die aufgezeigte Bereichsgliederung in Konstruktion, Arbeits- und Montageplanerstellung, NC-Programmierung und Betriebsmittelkonstruktion verdeutlicht die hohe Arbeitsteiligkeit im Entwicklungsprozeß. Auch innerhalb der einzelnen Abteilungen haben sich im Zuge der Spezialisierung streng gegliederte und arbeitsteilige Strukturen herausgebildet (z.B. Elektro-, Hydraulikkonstruktion, Berechnung etc.).

Die Aufteilung der Produktentwicklung in sequentiell abzuarbeitende Teilaufgaben hat Doppelarbeiten und eine wiederholte Generierung von Grunddaten zur Folge. Die Arbeitsergebnisse eines jeden Teilschrittes werden in Form von Unterlagen an den nächsten Bearbeiter weitergegeben, der diese interpretieren muß, um auf den nötigen Wissensstand zu Erfüllung seiner Aufgabe zu kommen (Bild 2-11):

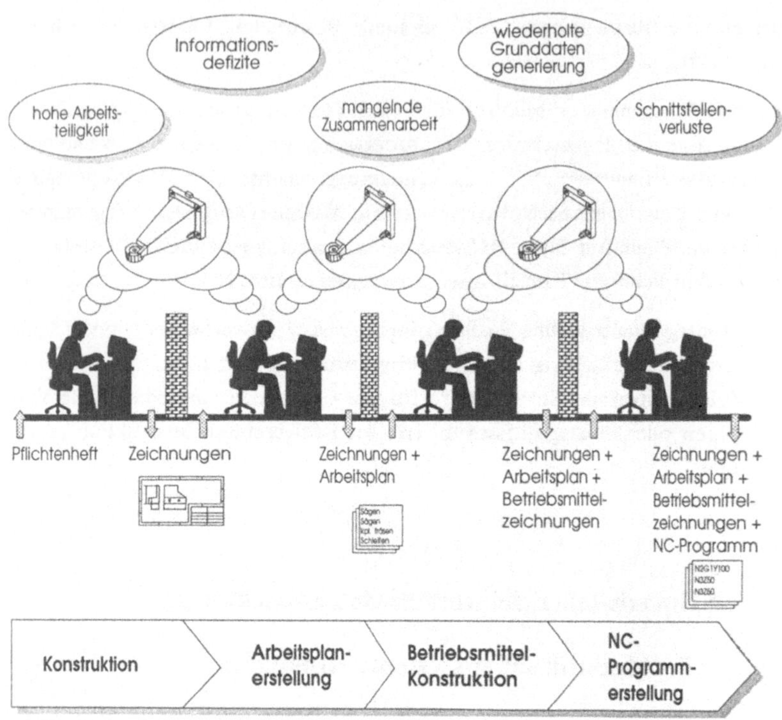

Bild 2-11:   Schwachstellen bei der Produktentwicklung (nach [EHRL 87])

Ausgangsinformationen der Konstruktion bilden heute in der Regel Stücklisten und technische Zeichnungen, die die Produktgeometrie in zweidimensionalen Ansichten darstellen. Der Arbeitsplaner muß die Zeichnung interpretieren und ein "geistiges 3D-Modell" aufbauen, um die Arbeitsfolge festzulegen. Das Wissen über die Werkstückgestalt war beim Konstrukteur bereits vorhanden, ist aber in der Zeichnung nur schwer verständlich dokumentiert. Betriebsmittelplaner und NC-Programmierer müssen jeweils neben der Zeichnung auch den Arbeitsplan interpretieren und weiterverarbeiten. Insbesondere das Lesen bzw. Interpretieren der Zeichnung ist ein zeitaufwendiger Vorgang, der bei komplexen Bauteilen mehrere Stunden in Anspruch nehmen kann.

Zusätzliche Zeitverluste entstehen durch eine mangelnde Synchronisation der einzelnen Vorgänge, die sich in Liegezeiten äußert, die bis über 80 % der Durchlaufzeit bei der Auftragsabwicklung verursachen [FUHR 91].

Durch die starke Aufgabentrennung stehen in den traditionellen Zielsystemen heutiger Unternehmen noch immer bereichsbezogene Interessen im Vordergrund; so ist beispielsweise die Maximierung des Umsatzes das Hauptziel des Vertriebs, das der Produktion die Maximierung der Produktivität etc.. Dieser Bereichsegoismus führt aber meist nur zur Erreichung von Teiloptima (Abteilungsoptima) - die Realisierung bereichsübergreifender Forderungen (Gesamtoptimum), wie zum Beispiel die nach kurzen Auftragsdurchlaufzeiten oder einer hohen Produktqualität ist daher in der Praxis selten [EVER 90a].

2.5.2 Fehlerhafte und nicht herstellungsgerechte Konstruktionen

Bei der Konstruktion werden die Eigenschaften für alle folgenden Produktlebensphasen festgelegt. Der in Bild 2-12 dargestellte Rückfluß von Informationen in die Konstruktion ist aufgrund der unzureichenden informatorischen Verknüpfung der Bereiche in der Regel zu schwach ausgeprägt. Der fehlende Rückfluß von Daten in die Konstruktion ist eine Hauptursache für auftretende Konstruktionsfehler und nicht herstellungsgerechte Produkte.

Etwa 70 % der Produktfehler werden in der Phase der Produktdefinition verursacht. Dagegen werden 80% der Fehler erst bei der Herstellung oder Nutzung des Produkts entdeckt [PÜN 91].

Späte Fehlerentdeckung führt zu hohen Folgekosten und Zeitverlusten durch die erforderlichen Korrekturschleifen (vgl. Bild 1-3). In einer Umfrage bewerteten Entwicklungsleiter mehr als 30% des Gesamtentwicklungsaufwandes als vermeidbaren Änderungsaufwand [IAO 90]. Nur gravierende fertigungstechnische Probleme führen zwangsläufig zu Korrekturschleifen. Häufig werden unter Zeitdruck "Notlösungen" gefunden, die die Herstellungskosten erhöhen und die Produktqualität verschlechtern.

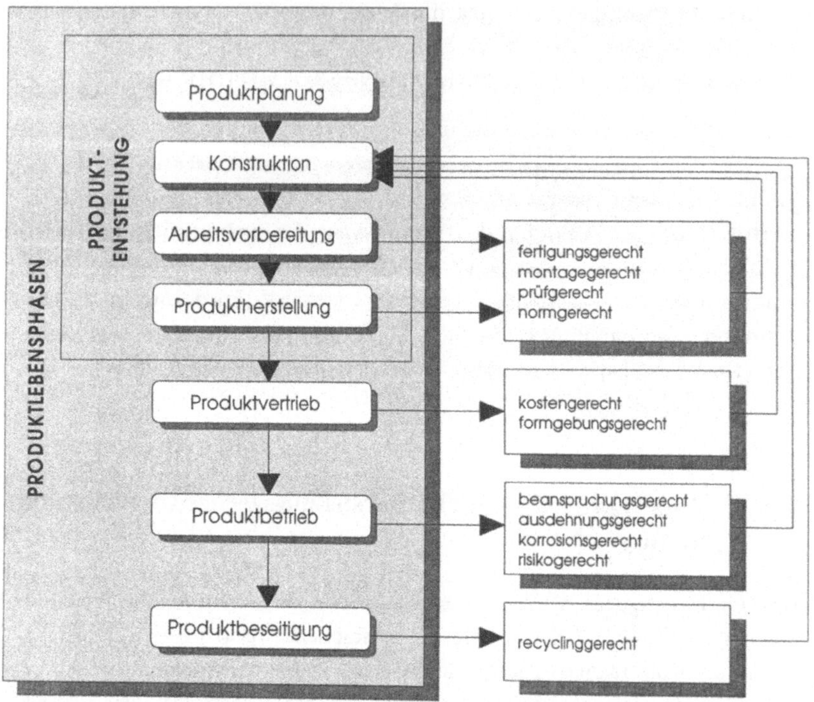

Bild 2-12:   *Informationsrückflüsse in die Konstruktion [GRAB 92]*

Diese Feststellungen werden auch durch Auswertungen von Wertanalyseergebnissen unterstützt, die ein durchschnittliches Kostensenkungspotential von ca. 33 % der Herstellungskosten ergaben [EHRL 80].

Produktfehler entstehen also dadurch, daß der Konstrukteur den Einfluß seiner gestalterischen Maßnahmen auf die Produktmerkmale nur unzureichend erkennen und beurteilen kann, da ihm hierfür in unzureichendem Ausmaß Hilfsmittel und Informationen zur Verfügung stehen [EVER 90b].

2.5.3   Ungenügende Berücksichtigung der Montage

Ein erheblicher Teil der Herstellungskosten eines Produktes wird durch die Montage verursacht [BÄSS 88, SCHU 92]. Trotz ihrer Bedeutung wird der Planung der Montage in vielen Unternehmen nur eine untergeordnete Bedeutung beigemessen:

In Abschnitt 2.4.1 wurde bereits auf den in der Regel niedrigen Detaillierungsgrad von Montageplänen eingegangen. Ein weiteres Problem ergibt sich daraus, daß die Montageplanung in der Regel erst nach der Fertigungsplanung erfolgt. Zu diesem Zeitpunkt liegt die Detailgeometrie bereits fest, die Unterlagen für die Teilefertigung sind fertiggestellt. Änderungen, zum Beispiel das Ergänzen notwendiger Fügeschrägen, erfordern u.a. die Korrektur von Zeichnungen, Arbeitsplänen und NC-Programmen.

Im Rahmen eigener Untersuchungen bei Maschinenbauunternehmen wurde festgestellt, daß bei komplexen Produkten teilweise gar keine Montageplanung im eigentlichen Sinn erfolgt. Der Montageplan wurde in den untersuchten Fällen bei der Montage des Prototyps durch Protokollieren der Arbeitsvorgänge erstellt. Eine frühere Montageplanung scheiterte am Nicht-Vorhandensein bzw. der schwierigen Lesbarkeit von Zusammenbauzeichnungen der komplexen Produkte. Montageprobleme werden so häufig erst am Prototyp erkannt [ARBE 91a].

Selbst bei Verfügbarkeit von Zusammenstellungszeichnungen besteht das Problem, daß komplexere Problemstellungen auf der Basis von 2D-Zeichnungen nur mit hohem Aufwand bei geringer Planungssicherheit beurteilt werden können.

2.6   Zusammenfassung und Fazit

Die heutigen Abläufe bei der Produktentwicklung sind durch streng arbeitsteilige Strukturen gekennzeichnet, die letztlich für lange Produktentwicklungszeiten, hohe Herstellkosten und Qualitätsprobleme verantwortlich sind.

Die Festlegung der Produkteigenschaften liegt weitgehend im Aufgabenbereich der Konstruktion. Die nachgelagerten Bereiche setzen lediglich die Vorgaben der Konstruktion in Herstellungsunterlagen bzw. in das fertige Produkt um.

Maßnahmen zur Verbesserung der Ist-Situation müssen daher bereits bei der Konstruktion einsetzen, um eine verbesserte Festlegung der Produkteigenschaften zu ermöglichen.

3 Stand der Technik

3.1 Inhalt dieses Kapitels

In Kapitel 2 wurden die Tätigkeiten bei der Produktentwicklung behandelt und Kernprobleme des konventionellen Entwicklungsablaufs aufgezeigt. Kapitel 3 soll einen Überblick über die zur Verfügung stehenden Hilfsmittel sowie vorhandene Ansätze zur Verbesserung des Ist-Zustandes aufzeigen.

Zunächst werden Möglichkeiten zur Informationsbereitstellung untersucht (Abschnitt 3.2). Mit "Informationsbereitstellung" wird dabei sowohl die Rationalisierung der Konstruktionstätigkeit "Informationen suchen" angestrebt als auch die Erhöhung der Produktionsgerechtheit der Produkte, um eine möglichst wirtschaftliche Herstellung zu ermöglichen.

Der Stand der CAD-Technik wird in Abschnitt 3.3 dargestellt. CAD wird dabei nicht nur im Sinne der rechnergestützten Zeichnungserstellung verstanden. Aufbauend auf einer weiter gefaßten Definition des CAD-Begriffs wird auf die 3D-Modellierung, die Verwendung integrierter Produktmodelle und den Einsatz von wissensbasierten Systemen eingegangen.

Abschnitt 3.4 enthält in knapper Form eine Zusammenfassung der für Arbeitsplanerstellung und NC-Programmierung verfügbaren Hilfsmittel.

Weiterhin werden integrative Ansätze vorgestellt, bei denen neben der Rechnerintegration vor allem organisatorische Aspekte im Vordergrund stehen (Abschnitte 3.5 bis 3.7).

Abschließend werden die Ergebnisse der Analysen zusammengefaßt und bewertet (Abschnitt 3.8).

3.2 Informationsbereitstellung in der Konstruktion

Die Informationsbeschaffung stellt einen Tätigkeitsschwerpunkt bei der Konstruktion dar. Statistische Untersuchungen ergaben, daß etwa ein Viertel der

Arbeitszeit der Konstrukteure für diese Tätigkeit benötigt wird [BEIT 79]. In [VDI 2211] wird darauf hingewiesen, daß sich aufgrund des Wachstums von Variantenvielfalt und Produktkomplexität die zu berücksichtigende Informationsmenge etwa alle fünf Jahre verdoppelt, was die Bedeutung einer effizienten Informationsbereitstellung unterstreicht.

Um die Konstruktionstätigkeit Informationsbeschaffung zu rationalisieren, wurden verschiedene Ansätze und Hilfsmittel zur rechnerunterstützten Informationsbereitstellung entwickelt:

- Herstellerinformationen bei Zukaufteilen:
  Neben der konventionellen Informationsbereitstellung in Form von Katalogen bieten einige Hersteller Informationen auf Datenträgern in verschiedenen Ausprägungen an. Neben reinen Katalogen in Diskettenform stehen zum Teil Auslegungs- und Berechnungsprogramme, sowie Module zur Übernahme der Geometrien in ein CAD-System zur Verfügung. Beispiele für diese Art der Informationsbereitstellung finden sich u. a. für Wälzlager, Pneumatikelemente und Vorrichtungsbaukästen (z. B. [FAG 91, FEST 91]).

- Norm- und Wiederholteilbibliotheken:
  Für viele CAD-Systeme stehen Module zur Verfügung, die zur Vereinfachung der Detaillierung das Einlesen von Normteilgeometrien ermöglichen. Die Auswahl des geeigneten Teils erfolgt dabei in der Regel durch die Spezifikation charakteristischer Beschreibungsmerkmale in Sachmerkmalleisten [DIN 4000]. Erweiterte Ansätze ermöglichen zusätzlich, eine Bauteilauswahl aufgrund von funktionalen Gesichtspunkten vorzunehmen und somit eine Unterstützung bereits beim Entwurf zu ermöglichen [EVER 89a].

- Datenbanken:
  Datenbanken ermöglichen den Zugriff auf größere Datenbestände. Der Einsatz von Werkstoffdatenbanken ermöglicht bei vorgegebenen Stoffeigenschaften eine Auswahl des optimalen Werkstoffs. Insbesondere im Kunststoffbereich stehen eine Vielzahl neuer Werkstoffe zur Verfügung, auf die durch Datenbanken gezielt zugegriffen werden kann [BAUR 91, BREU 90]. Das auf der Dissertation von Wienand [WIEN 88] basierende Konzept einer überbetrieblichen Werkzeugdatenbank überträgt den gleichen Grundgedanken auf den Werkzeugbereich. Herstellerübergreifende Datenbestände er-

möglichen eine schnelle und zugleich technisch und wirtschaftlich optimale Auswahl.
Kommerzielle Anbieter stellen weitere Datenbanken zur Verfügung, die Informationen zu verschiedenen Anwendungsbereichen enthalten und auf die in Fernabfragen direkt zugegriffen werden kann (z. B. [FIZT 91]).

Neben der Rationalisierung der Informationsbeschaffung existieren Ansätze, die durch eine gezielte Informationsbereitstellung eine verbesserte Konstruktion zum Ziel haben:

Als einfache Hilfsmittel sind hierbei Gestaltungsregeln zu nennen, die als Checklisten oder Gut/Schlecht-Darstellungen aufbereitet sind (z.B. [EHRL 85a, PAHL 86,VDI 2235]).

Weiterführende Arbeiten beschäftigen sich mit der rechnergestützten Informationsbereitstellung für eine fertigungs- und montagegerechte Konstruktion: Brachtendorf leitet aus den Tätigkeiten der Fertigung (Handhaben, Bearbeiten, Spannen etc.) Anforderungen an die fertigungsgerechte Produktgestaltung ab. Diesen Anforderungen werden nach Konstruktionsphasen gegliederte Informationen zugeordnet, die über ein Informationssteuersystem dem Konstrukteur zur Verfügung gestellt werden [BRAC 88].

Muschiol stellt in [MUSC 88] ein Konzept vor, das die Bereitstellung von Informationen zur Montagegerechtheit in ein CAD-System integriert. Ein ähnlicher Ansatz wird in [RECK 90] dargestellt, jedoch wird hier ein wissensbasiertes System eingesetzt. Beiden Entwürfen geht eine systematische Erfassung des Informationsumfangs zur montagegerechten Produktgestaltung voraus.

Einen quantitativen Vergleich von Gestaltungsvarianten ermöglichen Kennzahlensysteme, die der Montagegerechtheit einer Konstruktion einen numerischen Wert zuweisen. Bei der DFA-Methode (Design for Assembly, [BOOT 83]) werden Kennwerte ermittelt, die in Korrelation zum Aufwand für das Fügen und Handhaben stehen. Die Verteilung der festgestellten Aufwände ermöglicht die Lokalisierung von Schwachstellen und ist damit Ausgangspunkt für gezielte Verbesserungsmaßnahmen.

Prinzipiell ähnliche Vorgehensweisen finden sich in den Arbeiten von Dahl und Bäßler [DAHL 90, BÄSS 88]. Bäßler sieht durch eine gestufte Vorgehensweise bereits grobe Bewertungen in der Konzeptphase vor.

Ähnlich einzuordnen sind Methoden zur Kostenfrüherkennung, da die Herstellungskosten eng mit der Fertigungs- und Montagegerechtheit des Produkts verknüpft sind. Es existieren eine Vielzahl von Verfahren, deren Eignung für die verschiedenen Konstruktionsphasen von den benötigten Eingangsinformationen abhängt (Bild 3-1). Die Verfahren unterscheiden sich weiterhin hinsichtlich des Durchführungsaufwandes und der erzielbaren Genauigkeiten. Die einzelnen Verfahren sind in der Literatur ausführlich behandelt (z.B. [EHRL 85a, KLAS 85, PICK 88]).

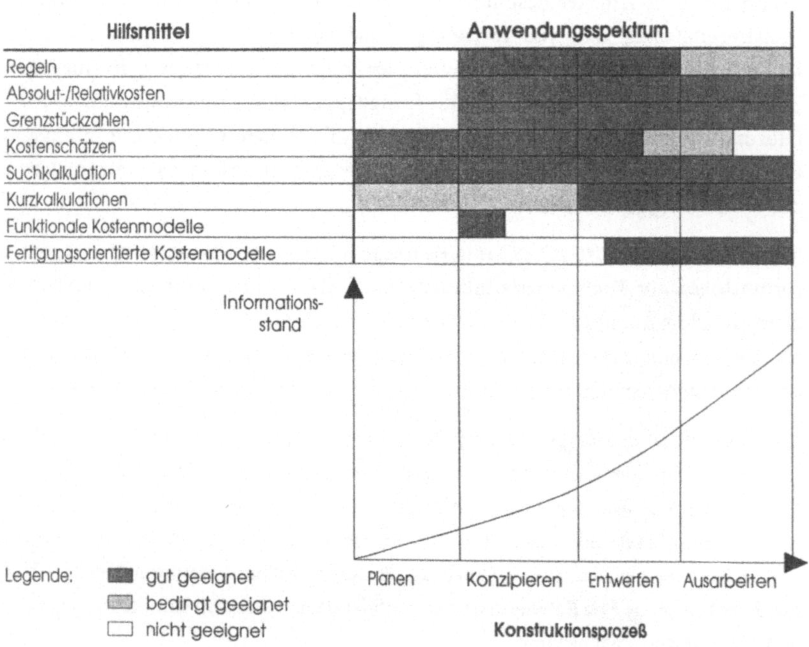

Bild 3-1:   Informationshilfsmittel zur Kostenminimierung in den verschiedenen Konstruktionsphasen

3.3 CAD-Technik

3.3.1 Begriffsdefinition

CAD ist die Abkürzung für "Computer Aided Design" (rechnergestütztes Konstruieren). Im Sprachgebrauch werden mit CAD in erster Linie Rechnerhilfsmittel zur Beschreibung der Produktgestalt bezeichnet. Für die weiteren Ausführungen wird die umfassendere Definition von CAD als "Unterstützung des
Konstrukteurs durch gezielten Rechnereinsatz in möglichst allen Tätigkeitsbe-
reichen" verwendet [AWF 85]. Der CAD-Begriff schließt in dieser Ausprägung also auch die in Kapitel 3.1 aufgeführten Hilfsmittel zur Informationsbereitstellung ein, soweit diese rechnerunterstützte Funktionalitäten beinhalten.

3.3.2 Geometriemodellierung

Die heute auf dem Markt verfügbaren CAD-Systeme unterstützen in erster Linie die Zeichnungserstellung und werden daher hauptsächlich für Detaillierung
und Entwurf eingesetzt [FRIT 90].

Nach dem zugrundeliegenden Datenmodell können CAD-Systeme in 2D-, 3D-
und kombinierte Systeme eingeteilt werden. Bei 3D-Modellen werden nach zunehmendem Informationsgehalt Linien-, Flächen- und Volumenmodelle unterschieden. Linienmodelle (Drahtmodelle) stellen die 3D-Geometrie eines Körpers durch seine Kanten dar. Diese Art der Beschreibung ist häufig nicht eindeutig. Flächenmodelle beschreiben die Bauteiloberfläche mit analytischen
oder approximierten Verfahren. Die Flächeninformation ermöglicht die Aus-
blendung der verdeckten Kanten und damit eine übersichtliche Darstellung
komplexer Geometrien (Bild 3-2) [BALT 92, LAME 89, SPUR 84].

Volumenmodelle enthalten zusätzlich die Materialinformation (Materialvektor)
und eignen sich damit zur vollständigen Geometriebeschreibung. Eine Aufstellung der von Volumenmodellierern verwendeten Datenstrukturen findet sich
z. B. in [LIM 92].

Die Vorteile von 2D- und 3D-Systemen sind in der Literatur ausführlich diskutiert (z. B. [GRÖS 92, GROT 90, N.N. 89, WAGN 91]):

2D-Systeme entsprechen der konventionellen Arbeitsweise des Zeichnens in
Ansichten. Bei Änderungen müssen jeweils alle betroffenen Ansichten und
Schnitte geändert werden, andernfalls entstehen Inkonsistenzen in der Darstellung. Die Problematik der technischen Zeichnung als Schnittstelle zwischen
den Abteilungen wurde bereits in Kapitel 2 erläutert. Beim Einsatz von 2D-
CAD wird der CAD-Arbeitsplatz lediglich als elektronisches Zeichenbrett ge-
nutzt, weshalb sich die durch die CAD-Einführung erhofften Rationalisierungs-
effekte häufig nicht einstellen [HEIE 89].

Bei 3D-Systemen werden alle Ansichten und Schnitte aus einem Bauteilmodell
abgeleitet. Eine Änderung des Modells führt ohne Zusatzaufwand zu korrekten
Zeichnungsansichten. Die anschauliche dreidimensionale Darstellung erhöht
die Transparenz bei der Konstruktion. Axonometrische Bilder auf technischen
Zeichnungen vereinfachen deren Interpretation erheblich. Der höhere Informationsgehalt von Volumenmodellen erlaubt den Einsatz weiterführender Hilfsmittel, beispielsweise für Berechnungsaufgaben.

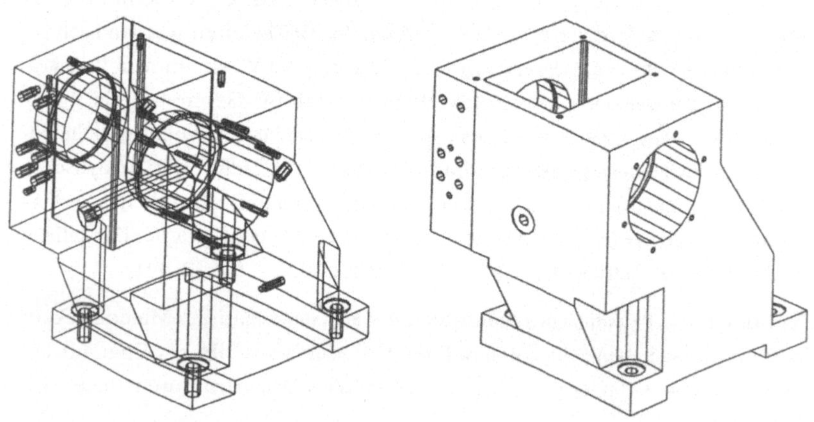

Bild 3-2:   Gegenüberstellung von Drahtmodell und Volumenmodell

Trotz der Vorteile der 3D-Modellierung wird heute noch vorwiegend zweidimensional arbeitende CAD-Anwendungssoftware eingesetzt. Die Gründe hierfür sind unter anderem ein höherer Einarbeitungsaufwand und die veränderte Arbeitstechnik bei volumenorientierten Systemen. Anwendungs- und Bedienfunktionalitäten sind verglichen mit 2D-Systemen vielfach noch unzureichend. Zudem war die benötigte höhere Rechen- und Graphikleistung von 3D-Systemen lange Zeit sehr kostenintensiv [FRIT 90, GROT 90].

Einen Schwerpunkt bei der Weiterentwicklung von CAD-Systemen bildet die Vereinfachung des Eingabeaufwandes durch geeignete Modellierungsstrategien. Ein Teilaspekt ist hierbei die bereits angesprochene Bereitstellung der Geometrien von Norm- und Wiederholteilen.

Weitere Vereinfachungen ermöglicht die Makrotechnik: Zeichnungsmakros sind Grundelemente (Kreis, Kreisbogen, Fase etc.), durch deren Kombination eine vereinfachte Definition der Bauteilgeometrie erfolgt. Die Zusammenfassung sich wiederholender Befehlsfolgen zu einem einzigen Befehl wird als Befehlsmakro bezeichnet [EIGN 82, KELL 90].

Eine Weiterentwicklung der Makrotechnik stellt das sogenannte "Feature Modeling" dar, das auf dem Arbeiten mit Formelementen basiert. Neben der Geometrie können auch Funktion, Technologie und fertigungstechnische Zusammenhänge modelliert werden. Formelemente (z. B. Sackbohrung, Freistich) werden also mit Informationen und Operationen (z. B. "bringe Freistich an") verknüpft [DENZ 88]. Krause unterscheidet zwischen funktionsorientierten Konstruktionsfeatures und nach fertigungstechnischen Gesichtspunkten aufgebauten Fertigungsfeatures [KRAU 87].

Durch Feature Modeling kann der Eingabe- und Änderungsaufwand bei Routinearbeiten erheblich reduziert werden [PAHL 88]. Die Verknüpfung fertigungstechnischer Informationen mit Formelementen nutzt Finkenwirth bei der Entwicklung des Konstruktionssystems "Fertigungsgerecht", um die Fertigungsgerechtheit von Konstruktionen zu beurteilen. Beispielsweise wird überprüft, ob die für die Herstellung eines Bauteils benötigten Werkzeuge in die Fertigung vorhanden sind [FINK 90].

Eine Verringerung des Aufwands für Änderungen und die Durchführung von Variantenkonstruktionen sind Ziele, die mit der Entwicklung von "Parametric

Modeling" und "Variational Geometry" verfolgt werden. Beim "Parametric Modeling" werden die zu konstruierenden Elemente in parametrisierten Datenmodellen an Stelle von festen Werten definiert. Durch Veränderung der Parameter können einfach Modifikationen vorgenommen werden. Beim weitergehenden Ansatz von "Variational Geometry" lassen sich die Parameter der einzelnen Elemente durch Maßangaben, Gleichungen oder geometrische Beziehungen miteinander verknüpfen. Bei Veränderung einzelner Parameter werden alle assoziierten Parameter automatisch angeglichen. Innerhalb eines begrenzten Produktspektrums können Konstruktionen durch die Vorgabe funktionaler Prinzipelemente beschrieben werden. Die Dimensionierung und Gestaltung kann unter Berücksichtigung der abgelegten Beziehungen weitgehend automatisch erfolgen [MILB 92, N.N. 92].

Verschiedene Veröffentlichungen kritisieren die mangelnde Unterstützung durch CAD-Systeme in den Konstruktionsphasen Konzipieren und Entwerfen. Einen Lösungsansatz stellt Buchholz mit dem Konstruktionssystem DEMOS vor. Das System ermöglicht bereits die Funktionsbeschreibung und -strukturierung des Konstruktionsgegenstandes. Abhängigkeiten werden erfaßt und somit eine Variantenerstellung erleichtert. Für die geometrische Modellierung werden kommerzielle CAD-Systeme verwendet. Weiterführende Arbeiten beschäftigen sich mit der Integration von Norm- und Wiederholteilen sowie von Modulen zur Beurteilung der Montagegerechtheit [BUCH 87, DAHL 90].

3.3.3   Wissensbasierte Systeme

Ein Großteil der bei der Produktgestaltung auftretenden Probleme wird nicht durch die Verwendung von Gleichungen und Tabellen, sondern unter Ausschöpfung von spezifischen Erfahrungswerten gelöst. Hierfür bietet sich der Einsatz von Expertensystemen an [FOX 87]. Mit dem Begriff Expertensystem wurden in der Vergangenheit sehr hohe Erwartungen an die Lernfähigkeit und den Wissensumfang verknüpft, die jedoch nur zum Teil erfüllt werden konnten. Daher wird heute meist von wissensbasierten Systemen gesprochen, die sich auf einen stark eingegrenzten Problemzusammenhang beschränken

[HARM 89]. (Für weitergehende Ausführungen zu den Grundlagen von Expertensystemen und Wissensbasierung sei z. B. auf [RADE 89] verwiesen.)

Groeger unterscheidet elf Grundtypen von Expertensystemen und leitet für den Konstruktionsprozeß die Forderung nach einer Kombination der Funktionalitäten von Auskunfts-, Diagnose-, Interpretations-, Konfigurations- und Steuerungssystemen ab. Für diesen neuen Typ von Expertensystem wird der Begriff "Konstruktionssystem" eingeführt. Groeger stellt in seinem Beitrag [GROE 90] das Konstruktionsanalyse und -leitsystem KALEIT vor. Neben Modulen zur Informationsbereitstellung in den einzelnen Konstruktionsphasen ist eine kontinuierliche methodische Unterstützung des Konstrukteurs durch ein Leitsystem vorgesehen.

Der Ansatz des Konstruktionssystems KOSIMA sieht vor, den Konstrukteur beginnend mit der Festlegung des Funktionsprinzips bis zur fertigen Zeichnung zu unterstützen. Am Beispiel eines Getriebes wird das Vorgehen dargestellt. Ausgangspunkt sind in einer Bibliothek abgelegte Funktionseinheiten, die interaktiv zu einer Funktionsstruktur zusammengesetzt werden. Ein hierarchischer Aufbau der Funktionseinheiten ermöglicht eine automatisierte iterative Optimierung der Konstruktion [ROSE 89].

Weitere wissensbasierte Ansätze behandeln enger definierte Problemstellungen, wie die konstruktionsbegleitende Kalkulation [SCHE 90], die wissensbasierte Angebotserstellung [AHRE 91] oder die Konfigurierung von Betriebsmitteln aus standardisierten Funktionsbaugruppen [HAUS 90].

Einen Ansatz zur Unterstützung der konventionellen Arbeitsweise beim Konstruieren stellt Krause vor: Handskizzen werden vom Rechner in 2D-Ansichten umgewandelt, deren genaue Dimensionen interaktiv eingegeben werden. Aus den entstandenen Ansichten wird mit einem wissensbasierten Rekonstruktionsverfahren ein 3D-Volumenmodell erzeugt [KRAU 87].

Die Zahl im Einsatz befindlicher wissensbasierter Systeme ist im Vergleich mit der Zahl der im Entwicklungsstadium befindlichen Systeme noch gering. Mit der steigenden Leistungsfähigkeit der Rechnersysteme könnte sich das jedoch zukünftig ändern.

3.3.4   Weitere CAD-Einsatzbereiche

Neben dem Schwerpunkt der Zeichnungserstellung sind einige weitere Funktionalitäten zur Rechnerunterstützung bei der Konstruktion verfügbar, deren Schwerpunkte in den Bereichen Berechnung und Simulation liegen:

Neben herstellerspezifischen Auslegungsprogrammen wurden auf bestimmte konstruktive Problemstellungen abgestimmte Berechnungsprogramme entwickelt (z.B. Berechnung von Preßverbänden [KOLL 78]). Ein Programm zur umfassenden Berechnung von Maschinenelementen beschreibt Kollmann in [KOLL 88].

Die Methode der Finiten Elemente (FEM) ermöglicht mechanische Analysen, die von der Betrachtung einzelner Fügeprozesse bis zur Untersuchung des dynamischen Verhalten ganzer Werkzeugmaschinen reichen können [DIES 88, HART 90, MAUL 91].

Verfahren der 3-dimensionalen graphischen Simulation, gewinnen zunehmend an Bedeutung: Anwendungen reichen von der funktionalen Prüfung bis zur Simulation der Montage. Mit dem Begriff "Virtual Prototyping" werden Funktionalitäten umschrieben, die es ermöglichen Simulationsprototypen, z. B. von Werkzeugmaschinen, zu erzeugen, an denen kinematische Untersuchungen (Arbeitsraumuntersuchungen, Kollisionsbetrachtungen etc.) durchgeführt werden können. Prototypen können so mit geringem Zeitaufwand bereits bei der Produktkonzeption erstellt werden [LINN 92, SPUR 90].

Robotersimulationssysteme ermöglichen eine Parallelisierung von Produkt- und Montagesystementwicklung. Die Simulation ermöglicht eine Eigenschaftsfrüherkennung, die erhebliche Kosten und Zeitvorteile bei der Produktentwicklung ermöglicht [EHRL 85b, MILB 92, SCHU 92].

Insbesondere Verfahren der Simulation setzen das Vorhandensein von 3D-Geometrien voraus. Simulationsmodule sind zu einigen kommerziellen 3D-CAD- (Modellier-) Systemen verfügbar.

3.4   Hilfsmittel zur Arbeitsplanung

Innerhalb der Arbeitsplanung sind Systeme zur Unterstützung der Arbeitsplan-, Montageplan- und NC-Programm-Erstellung zu nennen.

Eine ausführliche Darstellung des Stands der Technik bei der Arbeitsplanerstellung gibt Koepfer [KOEP 91]: Industriell eingesetzte Systeme zur Arbeitsplanerstellung sind zumeist in PPS-Systeme integriert und enthalten im wesentlichen Textverarbeitungsfunktionen. Für die Erstellung von Variantenarbeitsplänen kann mit Entscheidungstabellensystemen eine weitgehende Automatisierung erreicht werden.

Auf die häufige Vernachlässigung der Montageplanerstellung wurde bereits in Kapitel 2 eingegangen. Der geringere Stellenwert gegenüber der Arbeitsplanerstellung spiegelt sich auch in der geringeren Zahl verfügbarer Systeme wider. Ein Überblick über bestehende Ansätze findet sich in [KUMM 93].

Verfahren und Rechnerhilfsmittel zur NC-Programmerstellung sind in [KOEP 91, SCHR 92] zusammengefaßt. Im wesentlichen werden alphanumerische und graphisch-interaktive Systeme unterschieden. Bei den alphanumerischen Systemen müssen die 2D-Zeichnungen in eine verbale Beschreibung der 3D-Geometrie umgesetzt werden. Dieser Vorgang ist eine Hauptursache für Fehler in NC-Programmen [MILB 90b]. Bei graphisch-interaktiven Systemen wird die Geometrie mit Hilfe von graphischen Grundelementen definiert.

Vor dem Hintergrund, daß die NC-Programmierung als Detaillierung des Arbeitsplanes aufgefaßt werden kann, ist der Ansatz von Koepfer [KOEP 91] von besonderem Interesse: Arbeitsplanung und NC-Programmierung erfolgen am gleichen System auf Basis eines 3D-Volumenmodells. Doppelarbeiten werden so weitgehend vermieden. Die Bearbeitungsgeometrie wird bei der Arbeitsplanung definiert und bei der NC-Programmerstellung lediglich um technologische Angaben (Werkzeuge, Schnittgeschwindigkeiten) ergänzt. Die Arbeitsteilung zwischen Arbeitsplanerstellung und NC-Programmierung wird weitgehend aufgehoben. Beide Tätigkeiten könnten auch von einer Person durchgeführt werden. Der Ansatz stellt damit nicht nur eine informationstechnische, sondern auch eine organisatorische Integration dar.

3.5 Datenintegration

Vorteile durch die Geometriemodellierung in einem CAD-System sind neben der Rationalisierung der Zeichnungserstellung vor allem durch eine Weiterverwendung der erzeugten Daten, z. B für die NC-Programmierung zu erzielen.

Bei der Produktentwicklung benötigen verschiedene eingesetzte Rechnerwerkzeuge teilweise gleiche Eingangsdaten. Um eine wiederholte Generierung bzw. Eingabe dieser Daten zu vermeiden wird eine Datenintegration angestrebt. Um die Zielsetzung einer gemeinsamen Datennutzung durch unterschiedliche EDV-Funktionen zu erreichen, sind zwei Ansätze denkbar:

- Alle Anwendungen greifen auf einen gemeinsamen Datenbestand zu.

- Verschiedene EDV-Systeme verfügen über dezentrale Datenbestände, die über Schnittstellen ausgetauscht werden.

Ein unternehmensweites Datenbanksystem steht derzeit nicht zur Verfügung. Hackstein weist darauf hin, daß die dezentrale Datenhaltung Vorteile hinsichtlich einer höheren Zuverlässigkeit des Gesamtsystems gegenüber Komponentenausfall und eine größere Flexibilität aufweist [HACK 91]. Eversheim sieht einen Hauptvorteil des Datenaustausches über Schnittstellen in der Unabhängigkeit von einzelnen Systemherstellern. Einzelne Systeme können gegen leistungsfähigere getauscht werden, ohne die Funktion des Gesamtsystems zu beeinflussen [EVER 90c].

Zur Realisierung des Informationsverbunds entstand eine Anzahl von genormten Schnittstellen mit unterschiedlichen Zielsetzungen. [N.N. 90] beschreibt die Entwicklung und heutige Bedeutung der verschiedenen Standards. Die Übertragung von Technologiedaten, logisch verknüpft mit den entsprechenden Geometrieelementen ist über die genormten CAD-Schnittstellen IGES (Initial Graphics Exchange Specification) und VDAFS (Verband der Automobilindustrie - Flächenschnittstelle) nicht möglich. Einen Schwerpunkt derzeitiger Normungsbestrebung bildet die Entwicklung des Schnittstellenstandards STEP (Standard for Transfer and Exchange of Product Definition Data Model). Wesentlicher Bestandteil von STEP ist die Konzeption einer datentechnischen Abbildung aller, während der gesamten Produktlebensdauer anfallenden Informationen. Ziel ist es, den Austausch von Produktdaten für alle Anwendungen durch einen genormten Zugriff auf die genormte Produktbeschreibung zu ermöglichen [FRIT 90, GRAB 89, MARC 89].

Die Schaffung integrierter Produktmodelle ist auch Gegenstand zahlreicher Weiterentwicklungen und Forschungsarbeiten zu CAD-Systemen. In sogenannten Produktmodellen sollen geometrische und andere produktbeschreibende Daten strukturiert abgelegt werden (Bild 3-3) [GRAB 90, KRAU 90, KUPP 88, MEER 90].

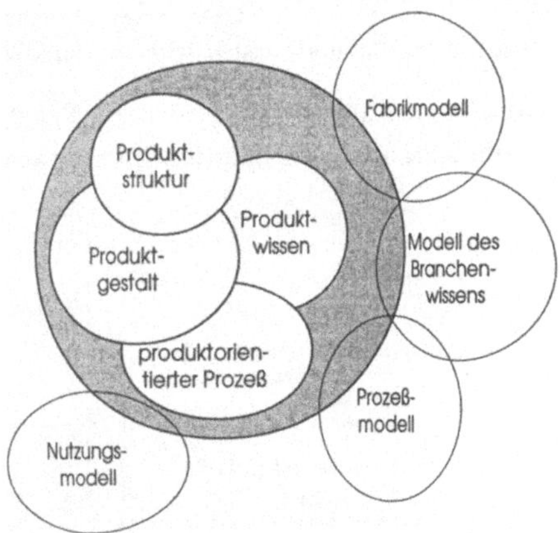

Bild 3-3:   Integriertes Produktmodell [KRAU 90]

Kaiser weist darauf hin, daß bereits Systeme marktverfügbar sind, die auf einem integrierten Produktmodell für Konstruktion und Arbeitsplanung basieren. Die nicht redundante Datenhaltung ermöglicht, daß z. B. bei Änderung der Geometrie alle verknüpften Daten, also z. B. Arbeitsplan und NC-Programm automatisch angepaßt werden [KAIS 92]. Nachteilig ist dagegen, daß die einzelnen Programmodule solcher integrierter Systeme häufig nicht die Leistungsfähigkeit spezialisierter Anbieter erreichen, so daß der Datenaustausch über standardisierte Schnittstellen auch weiterhin von großer Bedeutung sein wird [HACK 91].

3.6 Organisatorische Ansätze

Wie in Kapitel 2 dargestellt wurde, resultieren viele Probleme des heutigen Ablaufes aus der strengen Arbeitsteilung und der mangelnden Synchronisation der Teilprozesse. Daher kommt organisatorischen Ansätzen eine große Bedeutung zu.

Die in der Literatur besprochenen und teilweise industriell umgesetzten Maßnahmen werden häufig mit dem Begriff des **Simultaneous Engineering** zusammengefaßt. Ursprünglich wurde unter diesem Begriff lediglich die Parallelisierung von Tätigkeiten im Entwicklungsprozeß, insbesondere die **parallele** Entwicklung von Produkt und Produktionsmitteln verstanden.

Mittlerweile wird Simultaneous Engineering mit einer Reihe weiterer organisatorischer Aspekte verbunden, die im folgenden kurz zusammengefaßt werden sollen (Bild 3-4):

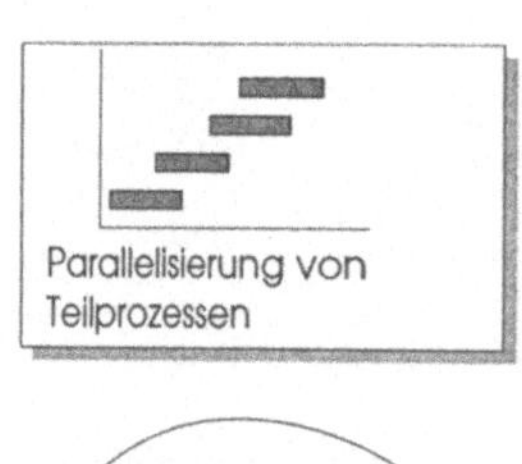

Bild 3-4:   Aspekte des Simultaneous Engineering

Zunächst ist die parallele und damit zeitgleiche (simultane) Entwicklung des noch zu konzipierenden Produktes und der Produktionsmittel unter Einbeziehung aller unternehmensinternen Bereiche sowie gegebenenfalls des Kunden und der Zulieferanten zu nennen. Dadurch wird angestrebt [EVER 89b, IAO 90]:

- die optimale Abstimmung Produkt - Produktionsmittel und dadurch Kostenvorteile,

- die Verringerung des Änderungsaufwandes und dadurch Kosten- und insbesondere Zeitvorteile sowie

- die Verbesserung der Qualität von Produkt und Produktionsmittel durch interdisziplinäre Zusammenarbeit und die Möglichkeit, auch später auftretende Änderungsanforderungen noch berücksichtigen zu können.

Den Schwerpunkt im heutigen Verständnis des Simultaneous Engineering stellt die Bildung interdisziplinärer Projektteams dar. So kann auch die von Ehrlenspiel vorgeschlagene "Beratung" der Konstruktion seitens der Arbeitsplanung mit dem Ziel der Verbesserung des Rückflusses produktionstechnischer Daten in die Konstruktion als Simultaneous-Engineering-Maßnahme interpretiert werden [EHRL 91].

Gausemeier [GAUS 92] befürwortet eine Organisationsform, die dem Projektcharakter des Entwicklungsprozesses entspricht, wie zum Beispiel die Matrixorganisation. Das gleiche Ziel wird mit der Bildung interdisziplinär besetzter Simultaneous-Engineering-Teams verfolgt (vgl. [IAO 90]). Diese Teams werden abhängig von aktuellen Fragestellungen im Entwicklungs- bzw. Projektablauf mit jeweils kompetenten Abteilungsvertretern besetzt, die ihrerseits den Auftrag haben, Informationen und Entscheidungen des Teams in ihre Abteilungen weiterzutragen. Neben Fachleuten aus den am Entwicklungsprozeß beteiligten betriebsinternen Abteilungen können auch Teilezulieferer und Produktionsmittelhersteller involviert sein.

Häufig wird auch die Forderung nach einer räumlichen Zusammenlegung der Teammitglieder beziehungsweise der kooperierenden Abteilungen gestellt, die in einigen Fällen bereits in der Praxis umgesetzt wurde [LOOS 89, REIT 89].

Untersuchungen des MIT (Massachusetts Institute of Technology) zu dieser Thematik ergaben erheblich verbesserte interne Informationsflüsse, wenn Abteilungen in räumlicher Nähe zueinander angeordnet sind oder über gemeinsame Einrichtungen (Sozialräume, Kopierer etc.) verfügen [ALLE 77].

Untersuchungen in Unternehmen, die bereits Simultaneous Engineering Konzepte umgesetzt haben, zeigen die großen Potentiale auf, die mit organisatorischen Maßnahmen ausgeschöpft werden können:

So weisen Studien eine Verringerung des vermeidbaren Änderungsaufwandes um ca. 30 % gegenüber Firmen aus, die noch einem starren Abteilungsdenken verhaftet sind [IAO 90].

Fanger und Lacey [FANG 92] stellten bei ihrer unter 16 technologieorientierten deutschen Unternehmen durchgeführten Untersuchung fest, daß in allen Unternehmen mit Hilfe von Simultaneous Engineering eine Verkürzung der Entwicklungszeiten sowie der Innovationszyklen erreicht wurde, die sich in vielen Unternehmen auch meßbar positiv auf Umsätze und Renditen auswirkte.

Im Rahmen dieser Befragung wurde aber gleichfalls deutlich, daß in vielen Unternehmen noch gravierende Mängel in bezug auf die Schaffung der für erfolgreiches Simultaneous Engineering notwendigen Voraussetzungen bestehen. Der Ist-Zustand wurde von den befragten Entwicklungsmanagern in einigen Punkten als wenig befriedigend bewertet (Bild 3-5).

Simultaneous Engineering darf also nicht nur als Parallelisierung von Teilprozessen verstanden werden - die Erfolgsfaktoren liegen vielmehr im Bereich der Organisation und der Unternehmenskultur: Der Abbau von Abteilungsschranken und Hierarchien, die enge Zusammenarbeit mit Zulieferern und Kunden, effiziente Kooperation und Kommunikation innerhalb des Unternehmens und vor allem die Unterstützung durch das Topmanagement sowie die Akzeptanz bei den Mitarbeitern wurden von allen befragten Entwicklungsmanagern als absolut notwendige Voraussetzungen für erfolgreiches Simultaneous Engineering angesehen [FANG 92, VOLG 90].

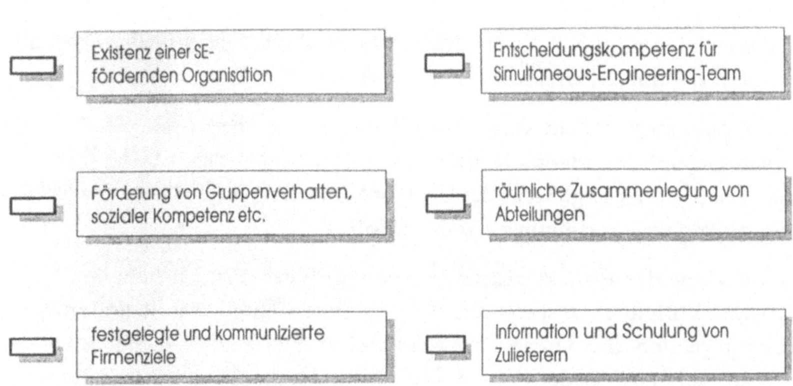

Bild 3-5:   *Hauptdefizite bei der Umsetzung von Simultaneous Engineering*
            (nach [FANG 92])

3.7   Projektmanagement

3.7.1   Entwicklung und Ziele des Projektmanagements

Neben den genannten Aspekten des Simultaneous Enginneering sind auch
durch ein effizientes Projektmanagement Zeitvorteile bei der Produktentwicklung erzielbar [EHRL 91, IAO 90]. In diesem Abschnitt soll ein Überblick über
Zielsetzungen und Entwicklung des Projektmanagements gegeben werden.
Hierzu sind zunächst sind die Begriffe des Projekts und des Projektmanagements zu definieren:

Ein **Projekt** ist nach [DIN 69901] als ein Vorhaben definiert, das im wesentlichen durch die Einmaligkeit der Bedingungen in ihrer Gesamtheit gekennzeichnet ist, wie zum Beispiel Zielvorgabe, zeitliche, finanzielle oder andere
Begrenzungen sowie eine projektspezifische Organisation.

Neben dieser allgemeinen Begriffsbestimmung gibt es eine Reihe weiterer
Merkmale, die eine Unterscheidung der verschiedenen Projektarten ermöglichen. Die Produktentwicklung kann der Klasse der Forschungs- und Entwick-
lungsprojekte (FuE-Projekte) zugerechnet werden, welche zusätzlich durch die

Merkmale Einmaligkeit, Komplexität, Neuartigkeit, Unsicherheit, Dynamik und interdisziplinäre Zusammmenarbeit charakterisiert sind.

Als **Projektmanagement** wird ein Führungskonzept bezeichnet, das auf die Lösung temporärer, interdisziplinärer Aufgaben ausgerichtet ist. Das Projektmanagement ist als Ergänzung der Linienorganisation zu verstehen, die die Risiken der Projektdurchführung verringern soll.

Die Ursprünge des Projektmanagements liegen in den 50er Jahren in den USA. Komplexe Vorhaben, insbesondere bei der Durchführung von Raumfahrtprogrammen zeigten die Grenzen konventioneller Führungs- und Managementtechniken auf. Die in der Folge entwickelten Methoden und Werkzeuge des Projektmanagements wurden mit fortschreitendem Entwicklungsstand zunehmend auch bei weniger umfangreichen Projekten erfolgreich eingesetzt.

Für eine ausführliche Darstellung von Entwicklung und Zielsetzungen des Projektmanagements sei auf die umfangreiche Literatur verwiesen (z.B. [SCHM 86, MADA 90, SAYN 79]).

3.7.2   Elemente des Projektmanagements

Das Projektmanagement basiert wesentlich auf den Grundlagen der Systemtechnik. Projektgegenstand, Aufgaben und Projektablauf werden in überblickbare Teile strukturiert.

Komponenten des Projektmanagements sind die Projektorganisation (Gestaltung von Aufbau und Ablauf des Projekts), die Projektlenkung, welche die Planung, Überwachung und Steuerung der Zielerreichung behandelt, sowie die Instrumente, unter denen Methoden, Verfahren und Werkzeuge zur Lenkung und Organisation von Projekten verstanden werden.

Die Gesamtheit der Komponenten des Projektmanagements, in Verknüpfung mit Unternehmenskultur und Mitarbeitern bezeichnet Schmelzer als das System des Projektmanagements. In der Literatur wird mehrfach darauf hingewiesen, daß der ganzheitliche angepaßte und aufgabenorientierte Einsatz aller Projektmanagementelemente ausschlaggebend für den Projekterfolg ist (z. B. [PLAT 86, SCHM 86, MADA 90]).

Bild 3-6 zeigt einen Überblick über die Elemente des Projektmanagements:

Die **Projektorganisation** schafft einen Ordnungsrahmen, der sich aus ablauf- und aufbauorganisatorischen Regelungen zusammensetzt. Grundlage ist die Einteilung des Projektablaufes in einzelne Phasen, die jeweils mit einem überprüfbaren Ergebnis abgeschlossen werden. Durch die Gliederung in parallel ablaufende Teilprozesse wird die Transparenz des Projektes verbessert.

Die **Projektlenkung** bezieht sich auf Sachleistungen, Ressourcen, Termine und Kosten und läßt sich in Aufgaben der Lenkung des Gesamtprojektes (Grobplanung, -steuerung, -überwachung) sowie der einzelnen Projektphasen (Detailplanung, -überwachung, -steuerung) gliedern. Inhalte der Projektplanung sind die Strukturierung des Projektes sowie die Festlegung von Soll-Vorgaben und Zwischenzielen. Innerhalb der Projektüberwachung werden Ist-Daten ermittelt und mit den Solldaten verglichen. Die festgestellten Abweichungen führen im Rahmen der Projektsteuerung zur Veranlassung von Maßnahmen, die zur Erreichung der Soll-Vorgaben erforderlich sind.

Die **Instrumente** des Projektmanagements können in phasenspezifische und den gesamten Projektablauf betreffende Instrumente eingeteilt werden. Beispiele für Instrumente der Projektlenkung sind Struktur- und Netzpläne. Bereichsübergreifende Instrumente sind die Funktionen Aufwandsabschätzung (Abschätzung des für die Projektdurchführung erforderlichen Aufwandes an Ressourcen), Auftragsmanagement (Delegation und die Abwicklung einzelner Aufgabenpakete), Konfigurationsmanagement (Beschreibung und Definition von Projektergebnissen in Dokumenten, Änderungswesen) und Risikomanagement (Analyse und Bewertung von Projektrisiken).

Bild 3-6 stellt die Verknüpfung der bereichsübergreifenden Instrumente mit den einzelnen Projektphasen und spezifischen Projektinstrumenten dar.

Die Elemente des Projektmanagements sind in der Literatur ausführlich beschrieben (z.B. [SCHM 86, MADA 90, LIND 86, KUMM 86]) und sollen daher an dieser Stelle nicht weiter vertieft werden.

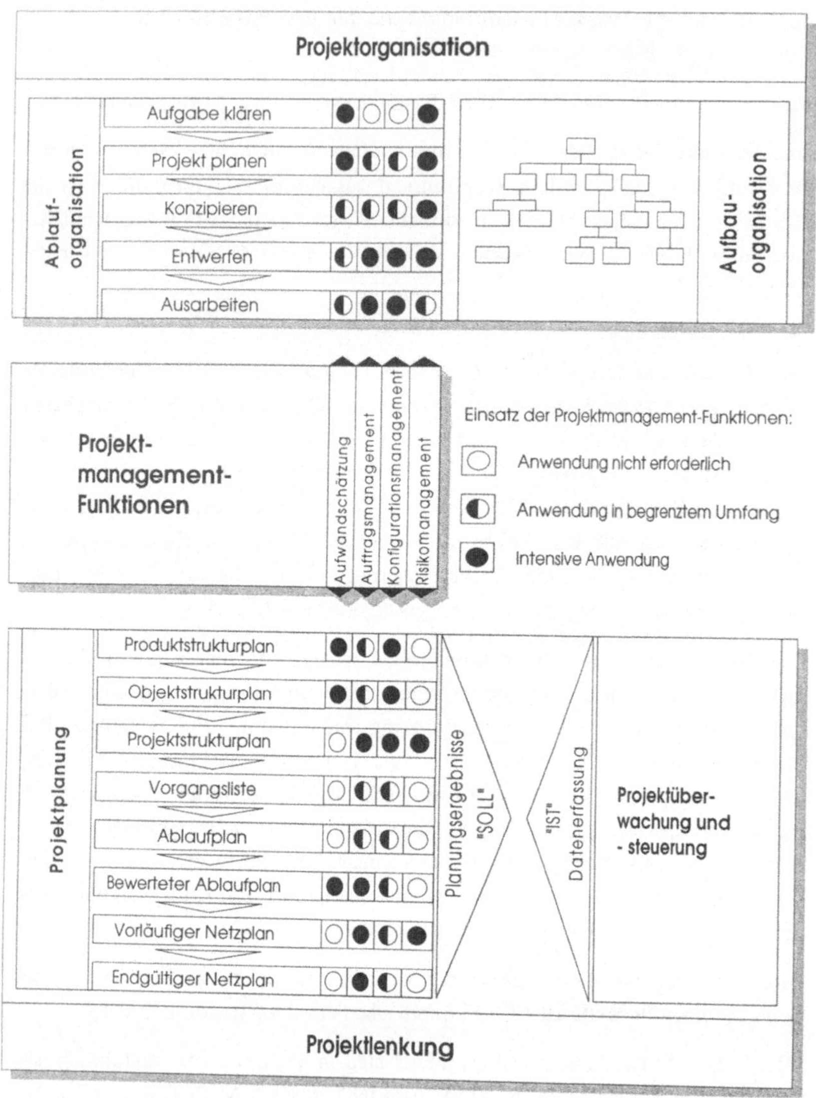

Bild 3-6:   Elemente des Projektmanagements

3.8   Zusammenfassung und Fazit

In der Vergangenheit wurden für die einzelnen Bereiche der Auftragsabwicklung Rechnerhilfsmittel entwickelt mit dem Ziel, die jeweiligen Arbeitsabläufe zu rationalisieren. Die in Kapitel 2 dargestellte Arbeitsteiligkeit mit den damit verbundenen Folgeproblemen wurde dadurch eher gefestigt.

Integrative Rechnerlösungen sind nur für eng abgegrenzte Problemstellungen bzw. Produktbereiche realisiert.

Mit organisatorischen Ansätzen im Sinne des Simultaneous Engineering können durch eine verbesserte informatorische Verknüpfung der Bereiche wesentliche Vorteile erzielt werden, wobei die Arbeitsteilung erhalten bleibt. Eine "Beratung" der Konstruktion durch die Arbeitsvorbereitung verbessert die entstehenden Produkte im Hinblick auf ihre Herstellbarkeit.

Untersuchungen bei Unternehmen, die eine solche Konstruktionsberatung realisiert haben, zeigten neben den geschilderten Vorteilen aber auch Probleme auf, die teils im unverbindlichen Charakter einer Beratung, teils in den zur Verfügung stehenden Hilfsmitteln begründet liegen [ARBE 91a]:

- Trotz Beratung durch den Arbeitsplaner verbleibt die eigentliche Produktverantwortung beim Konstrukteur. Die dadurch geringere Identifikation des Arbeitsplaners mit der gefundenen Lösung führt dazu, daß die Konstruktion immer noch zu häufig als nicht herstellbar abgelehnt wird.

- Bei unklarer Festlegung der Verantwortlichkeiten dominiert innerhalb eines Entwicklungsteams häufig der Durchsetzungsstärkere. Aufgrund der in der Regel höheren Qualifikation des Konstrukteurs gegenüber Mitarbeitern aus der Arbeitsplanung oder der Fertigung setzt sich dieser in Diskussionen eher durch, weshalb produktionstechnische Aspekte häufig nicht stark genug eingehen.

- Mit dem Hilfsmittel 2D-Zeichnung ist eine innerbetriebliche Kommunikation schwer zu realisieren, da jeweils ein hoher Eindenkaufwand erforderlich ist, um die Problematik zu erfassen.

- Eine kurzfristige Zusammenarbeit "auf Zuruf" wird dadurch häufig unterbunden.

Die Beispiele verdeutlichen, daß auch die isolierte Anwendung organisatorischer Maßnahmen keine befriedigende Lösung für die Problematik der Produktentwicklung darstellt. Im nächsten Kapitel soll daher ein Konzept für eine ganzheitliche Umgestaltung des Produktentwicklungsprozesses erarbeitet werden.

4 Konzeption eines veränderten Vorgehens bei der Produktentwicklung

4.1 Inhalt dieses Kapitels

In diesem Kapitel soll ein Ansatz für ein verändertes Vorgehen bei der Produktentwicklung erarbeitet werden. Zunächst wird auf die Bedeutung der Schnittstelle zwischen Konstruktion und Arbeitsplanung eingegangen und mögliche Ansätze für die Umgestaltung dieser Schnittstelle betrachtet (Abschnitt 4.2).

Es wird ein Grundkonzept entwickelt, welches eine stärkere Einbeziehung von Fertigungs- und Montageaspekten in die Produktdefinition vorsieht. Dabei werden auch die bei der Ausarbeitung dieses Grundkonzeptes vorausgesetzten Randbedingungen festgelegt (Abschnitt 4.3).

Abschnitt 4.4 behandelt die zur Detaillierung des Grundkonzeptes notwendigen Teilschritte und legt die weitere Vorgehensweise fest.

4.2 Schnittstelle Konstruktion - Arbeitsplanung

In Kapitel 2 wurden arbeitsteilige Strukturen, unzureichende Informationsrückflüsse in die Konstruktion und die zu geringe Berücksichtigung der Montageproblematik als Kernprobleme der Produktentwicklung herausgearbeitet, die Entwicklungszeiten, Produktqualität und Herstellkosten negativ beeinflussen.

Zielsetzung der durchzuführenden Umgestaltung des Entwicklungsprozesses ist es, Verbesserungen hinsichtlich der genannten Problempunkte herbeizuführen. Anstatt der Optimierung der Abläufe in den einzelnen Abteilungen ist ein Gesamtoptimum anzustreben. Eine Erhöhung des Aufwandes bei der Entwicklung kann beispielsweise durch die Vermeidung von Korrekturschleifen und niedrigere Herstellungskosten zu einer besseren Gesamtsituation für das Unternehmen führen.

Wie in Kapitel 3 dargestellt, führten Rechnerhilfsmittel in der Vergangenheit zu einer Festigung der vorhandenen Strukturen. Die Betrachtungen hinsichtlich einer Umgestaltung der Produktentwicklung sollen daher zunächst unabhängig von der Unterstützung durch Rechnerhilfsmittel erfolgen.

Aus organisatorischer Sicht ist insbesondere die Schnittstelle zwischen Konstruktion und Arbeitsplanung (Fertigungs- und Montageplanung) für die Erreichung einer fertigungs- und montagegerechten Konstruktion von ausschlaggebender Bedeutung. Bild 4-1 zeigt die Problematik dieser Schnittstelle sowie die prinzipiell denkbaren Ansätze zu deren Umgestaltung.

Ausgangspunkt ist die strikte Trennung von Konstruktion und Arbeitsplanung durch die Schnittstelle "technische Zeichnung". Für die Überwindung dieser Trennung sind verschiedenen Möglichkeiten denkbar:

Optimal im Hinblick auf die Vermeidung von Informationsverlusten wäre die **Zusammenfassung** der Aufgaben von Konstruktion und Arbeitsplanung **in einer Person**. Diese Möglichkeit der Aufgabenintegration innerhalb der Produktentwicklung ist durch das stark unterschiedliche erforderliche Know-How begrenzt. Insbesondere bei komplexen Produkten, für deren Herstellung unterschiedlichste Fertigungsverfahren erforderlich sind, ist dies kaum vorstellbar. Zudem führt die Reduzierung größerer Tätigkeitsbereiche auf einen Bearbeiter zu einer längeren Bearbeitungsdauer gegenüber einem parallelen Vorgehen mehrerer Personen. Denkbar ist dagegen eine Verschiebung der Aufgabenbereiche zwischen Konstruktion und Arbeitsplanung:

Eine **Erweiterung des Aufgabenbereiches der Konstruktion** wird zum Beispiel in [EHRL 93a] vorgeschlagen: Da der Konstrukteur ohnehin die Montage des Produktes durchdenken muß, kann er auch die Erstellung des Montagevorranggraphen oder eines Grobmontageplanes übernehmen. Sofern der Konstrukteur über geeignete Hilfsmittel verfügt oder die fertigungstechnischen Anforderungen keine hohe Spezialisierung erforderlich machen, können auch beispielsweise die Fertigungsplanung oder die Erzeugung von NC-Programmen in der Konstruktion erfolgen [KAIS 92].

Ebenso denkbar ist eine **Ausdehnung der Aufgaben der Arbeitsplanung**, die heutige Teilaufgaben der Konstruktion, wie zum Beispiel die Detaillierung durchführen kann [HEIE 91, MILB 89].

Durch eine Veränderung der Aufgabenverteilung können Doppelarbeiten vermieden (Beispiel: Montageplanung durch den Konstrukteur) und damit der Gesamtaufwand bei der Produktentwicklung reduziert werden.

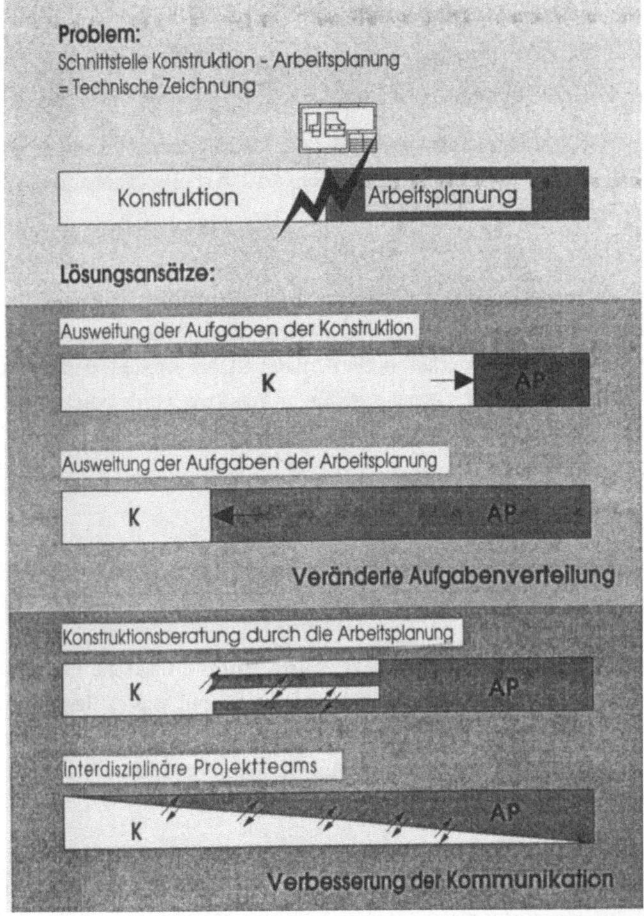

Bild 4-1:   *Organisatorische Ansätze zur Umgestaltung der Schnittstelle zwischen Konstruktion und Arbeitsplanung (nach [EHRL 93b])*

Weiterhin kann durch eine geeignete Umverteilung von Aufgaben erreicht werden, daß die jeweils geeignetste Stelle eine bestimmte Tätigkeit durchführt. Beispielsweise verfügt der Fertigungsplaner über detaillierte Kenntnisse bezüglich der Fertigungsmöglichkeiten des Unternehmens und kann so bei der Detaillierung u. a. die vorhandenen Werkzeuge und die erreichbare Genauigkeit der eingesetzten Maschinen berücksichtigen.

Die Festlegung einer optimalen Aufgabenverteilung ist unter anderem vom Unternehmen, den Produkten und den eingesetzten Hilfsmitteln abhängig.

Unabhängig von der genauen Aufgabenverteilung können Informationsverluste an der Schnittstelle zwischen Konstruktion und Arbeitsplanung durch eine verbesserte Kommunikation ausgeglichen werden.

Mögliche Ansätze sind hierbei die **Konstruktionsberatung** durch Mitarbeiter der Arbeitsplanung sowie die **Bildung interdisziplinärer Projektteams** im Sinne von Simultaneous Engineering. Durch diese Maßnahmen kann ein verbesserter Informationsrückfluß in die Konstruktion erreicht werden. Auf Vorteile und Probleme dieser organisatorischen Ansätze wurde bereits in Kapitel 3 eingegangen.

4.3 Grundkonzept für die Neugestaltung des Entwicklungsablaufs

Analysiert man den Entwicklungsprozeß im Hinblick auf die Festlegung von Produktfunktion und -herstellung, so ist festzustellen, daß zu Beginn die Funktionserfüllung im Vordergrund steht, während mit zunehmendem Definitionsgrad des Produkts Montage- und Fertigungsgesichtspunkte an Bedeutung gewinnen (Bild 4-2):

Fertigungs- und Verbindungsverfahren werden erst beim Entwerfen festgelegt [EHRL 87]. Der genaue Fertigungsablauf und die benötigten Werkzeuge werden durch die Mikrogeometrie bestimmt, die im Detail erst mit der Erstellung der Einzelteilzeichnungen definiert wird. Zwar kann durch Veränderungen der Einzelteilgeometrie die Produktfunktion beeinträchtigt werden. Heiermann

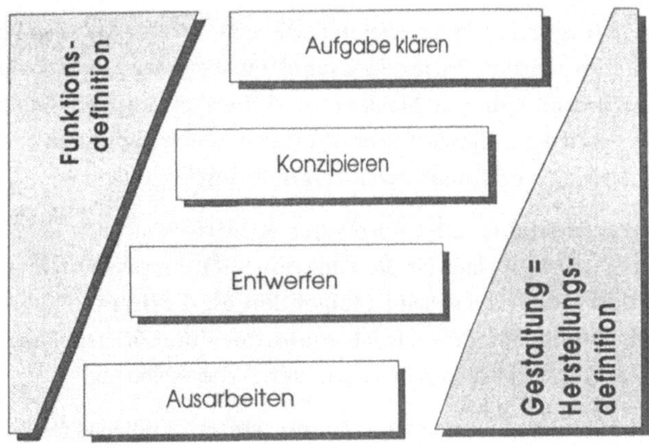

Bild 4-2:   *Festlegung von Funktion und Herstellung in den Konstruktions-*
phasen

weist jedoch darauf hin, daß nur ein Bruchteil der in der Einzelteilzeichnung enthaltenen Geometrie tatsächlich funktionsrelevant ist [HEIE 89]. Es erscheint daher sinnvoll, die Arbeitsplanung stärker in die Produktgestaltung einzubeziehen.

Zunächst soll betrachtet werden, in welchem Entwicklungsstadium eine Mitwirkung der Arbeitsplanung erfolgen kann:

In Entwicklungsstadien mit geringer Produktkonkretisierung (Aufgabe klären, Konzipieren) steht die Funktionsfindung im Vordergrund. Die Hauptverantwortung liegt hier beim Konstrukteur. Eine selbständige Bearbeitung von Teilaufgaben durch Fertigungs- oder Montageplanung scheint hier nicht sinnvoll, da die zu treffenden Entscheidungen die Funktion beeinträchtigen können.

In den Phasen Entwerfen und Ausarbeiten werden Eigenschaften festgelegt, die größeren Einfluß auf die Produktherstellung, z. B. die Montierbarkeit, die einsetzbaren Maschinen oder die benötigten Werkzeuge haben. Hier kann eine selbständige Bearbeitung von Teilaufgaben durch Montage- und Fertigungsplanung sinnvoll sein.

Es wird daher folgender Ansatz verfolgt: Bereits bei der Aufgabenklärung und dem Konzipieren werden Produkteigenschaften festgelegt, die sich auf die Herstellung auswirken. Um hier Montage- und Fertigungsgesichtspunkte zu berücksichtigen, wird in diesen frühen Produktentstehungsphasen eine Zusammenarbeit im Sinne von Simultaneous Engineering angestrebt.

Bei der Produktmodellierung definiert der Konstrukteur nicht mehr alle Produktmerkmale, sondern läßt für die Funktionserfüllung nicht relevante Bereiche offen. Diese Bereiche sollen im folgenden als **Freiräume** bezeichnet werden. Die Gestaltung des Produkts innerhalb der durch Konstruktionsvorgaben bestimmten Grenzen wird damit Aufgabe der Arbeitsplanung.

Für die Ausarbeitung dieses Ansatzes sollen weiterhin folgende Randbedingungen zugrunde gelegt werden:

Aufgrund der zentralen Bedeutung der Schnittstelle zwischen Konstruktion und Arbeitsplanung erscheint es sinnvoll, die Betrachtungen zunächst auf diese Bereiche zu konzentrieren. Die Einbeziehung weiterer Abteilungen kann in einer späteren Erweiterung des Ansatzes erfolgen.

Bei der Festlegung der Zusammenarbeit von Konstruktion und Arbeitsplanung soll durch eine klare Definition der Verantwortlichkeiten die in Abschnitt 3.8 diskutierten Probleme der Personenabhängigkeit und der mangelnden Identifikation aller Beteiligten mit dem Konstruktionsergebnis vermieden werden.

Um die Übertragbarkeit in die industrielle Praxis zu gewährleisten, werden die in Kapitel 2 aufgeführten Unterlagen für die Produktherstellung (Zeichnungen, Arbeitspläne, NC-Programme etc.) als Output des Entwicklungsprozesses beibehalten. Die Aufgabenzuordnung zu den an der Entwicklung beteiligten Mitarbeitern kann jedoch neu festgelegt werden, um Doppelarbeiten und Zeitverluste durch die Interpretation von Zeichnungen, Arbeitsplänen etc. zu reduzieren.

4.4   Vorgehensweise

Bei der Neugestaltung des Produktentwicklungsprozesses wird in folgenden Schritten vorgegangen (Bild 4-3):

Der entwickelte Ansatz basiert auf einem veränderten **Produktmodell**, welches in Form von Freiräumen von der Arbeitsplanung auszufüllende Gestal-

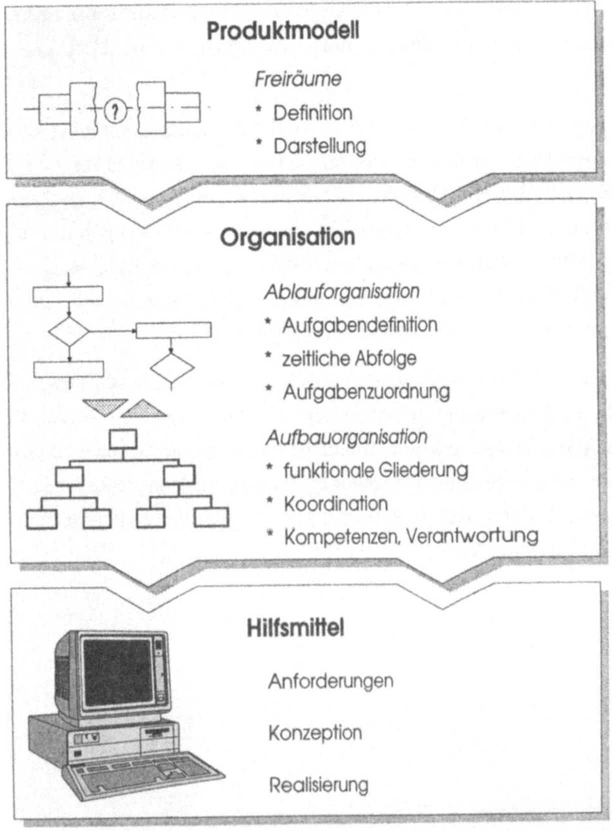

Bild 4-3:   Teilschritte bei der Umgestaltung der Produktentwicklung

tungsspielräume vorsieht. Das im Entwicklungsablauf zu komplettierende Produktmodell stellt die informative Basis des Entwicklungsprozesses dar und wird daher zuerst behandelt. Insbesondere ist der Begriff des Freiraums zu definieren. Bei einer Aufteilung der Gestaltung zwischen Konstruktion und Arbeitsplanung muß eine Übergabe des mit Freiräumen behafteten Produktmodelles erfolgen. Hierfür sind die Möglichkeiten der Darstellung von Freiräumen zu behandeln.

Ausgehend von dem definierten Produktmodell soll im nächsten Schritt eine geeignete Organisationform erarbeitet werden. **Organisation** bedeutet dabei die Schaffung einer Ordnung, um ein bestimmtes Ziel zu erreichen [SCHM 86].

Es werden Aspekte der Ablauf- und der Aufbauorganisation unterschieden: Die Ablauforganisation umschließt die Definition der zu bewältigenden Teilaufgaben und der zeitlichen Abfolge ihrer Bearbeitung sowie die Zuordnung zu Funktionsträgern. Die Aufbauorganisation behandelt dagegen das Verknüpfen von Stellen zur Organisationsstruktur und regelt die Beziehungen zwischen den Stellen. Aufgrund der engen Verknüpfung müssen Ablauf- und Aufbauorganisation gemeinsam betrachtet werden [EVER 81].

Mit der Festschreibung der zugehörigen Organisation ist der Entwicklungsprozeß weitgehend festgelegt. Der nächste Schritt ist daher die Auswahl geeigneter **Rechnerhilfsmittel**, um die Abläufe bestmöglich zu unterstützen. Hierfür sind aus den Veränderungen gegenüber heutigen Vorgehensweisen Anforderungen an neue Hilfsmittel zu definieren und soweit möglich in funktionsfähige Programme umzusetzen.

5 Definition eines Produktmodells mit Freiräumen

5.1 Inhalt dieses Kapitels

In diesem Kapitel wird der Begriff des Freiraums eingeführt. Nach einer Begriffsdefinition werden mögliche Klassen von Freiräumen ermittelt (Abschnitt 5.2).

In Abschnitt 5.3 wird die Darstellung von Freiräumen behandelt. Es werden unterschiedliche Darstellungsmöglichkeiten untersucht und die geeignetste Variante ausgewählt.

5.2 Definition des Freiraums

Ziel der Einführung von Freiräumen ist die Festlegung von Gestaltungsspielräumen für die Arbeitsplanung, die diese Freiräume unter fertigungs- und montagetechnischen Gesichtspunkten ausfüllt. Der Begriff des Freiraums wird daher wie folgt definiert:

Ein **Freiraum** ist die Unschärfe in der Beschreibung eines Merkmals. Er stellt einen zulässigen Wertebereich dar, innerhalb dessen ein gewolltes Ergebnis festgelegt wird.

Diese gewollte Festlegung grenzt den Freiraumbegriff von der Toleranz ab: Im Unterschied zur Toleranz gibt der Freiraum einen Lösungsspielraum an, der gezielt ausgeschöpft werden kann. Die Toleranz gibt dagegen einen zulässigen Bereich an, innerhalb dessen das Arbeitsergebnis zufällig aufgrund der Ungenauigkeit des Fertigungsverfahrens zu liegen kommt.

Eine Untergliederung von Freiräumen ist notwendig, um festlegen zu können, welche Freiräume zu welchem Zeitpunkt in wessen Verantwortungsbereich eingeschränkt werden sollen. Eine sinnvolle Einteilung kann nach dem Produktmerkmal vorgenommen werden, auf das sich ein Freiraum bezieht. Nach [VDI 2210] wird das Ergebnis einer Konstruktion durch folgende Merkmale festgelegt:

- Funktion

- Funktionsstruktur

- Art und Anzahl der Elemente

- Anordnung der Elemente

- Gestalt

- Dimension

- Werkstoff

Um zu überprüfen, inwieweit die genannten Parameter für eine Einteilung in Klassen von Freiräumen geeignet sind, wurden in einem Arbeitskreis aus Industrieunternehmen unterschiedlicher Branchen mehrere Konstruktionen in Zusammenarbeit mit Konstrukteuren und Fertigungs- und Montageplanern analysiert. Es wurden gezielt Variationsmöglichkeiten gesucht, die die Funktion der konstruktiven Lösung nicht in Frage stellen und überprüft, ob diese mit obiger Einteilung klassifiziert werden können. Es ergab sich folgende Beurteilung hinsichtlich der Eignung als Freiräume [ARBE 91b]:

Funktion und **Funktionsstruktur** können im Sinne der beschriebenen Zielsetzung keine Freiräume darstellen, da die Festlegung der Funktion Aufgabe der Konstruktion bleibt.

Art, Anzahl und **Anordnung** von Elementen sowie der gewählte Werkstoff sind Eigenschaften, die bei gleicher Funktion zu herstellungstechnisch unterschiedlichen Lösungen führen können und stellen somit mögliche Freiräume dar.

Gestalt und **Dimension** legen die Bauteilgeometrie fest und können ebenfalls mit Freiräumen behaftet sein (z. B. Bohrungsdurchmesser). Die Gliederung der geometrischen Beschreibung in Gestalt (Formgebung) und Dimension (Änderung der Abmessungen bei gleichbleibenden Längen- und Winkelverhältnissen) ist vorteilhaft für die Behandlung von Variantenkonstruktionen, da hierbei häufig einzelne Teile vergrößert oder verkleinert werden. Eine Variation einzelner Maße innerhalb einer konstruktiven Lösung wird jedoch transparenter durch eine Unterscheidung in **Form** (geometrisches Formelement, z.B. Kreis, Linie) und **Größe** (numerische Festlegung einzelner Formelemente, z.B. Radius oder Linienlänge) beschrieben.

Mit den bisher aufgeführten Merkmalen können nicht alle möglichen Freiräume einer Konstruktion beschrieben werden, da technologische Eigenschaften nicht berücksichtigt wurden. **Technologische Freiräume** können beispielsweise die Festlegung der Toleranzen zweier Maße (fertigungstechnischer Einfluß) bei vorgegebenem Spiel (Funktion) oder alternative Verbindungsverfahren (Kleben, Löten, Schweißen) bei festgelegten Funktionseigenschaften (z.B. Festigkeit, Dichtheit) sein.

Auf der Basis obiger Überlegungen wird eine Einteilung von Freiräumen in die Klassen Größe (Maß), Form (verwendete Formelemente), Anordnung (Position eines Elementes relativ zu den anderen Elementen), Anzahl, Werkstoff und Technologie vorgenommen. Bild 5-1 zeigt Beispiele zu den einzelnen Freiraumklassen.

Um die Arbeitsplanung über ihre Gestaltungsspielräume zu informieren, müssen die Freiräume von der Konstruktion definiert und dokumentiert werden. Daher werden im folgenden die Möglichkeiten zur Darstellung von Freiräumen behandelt.

5.3 Darstellung von Freiräumen

5.3.1 Anforderungen

An die Darstellung der Freiräume sind verschiedene Anforderungen zu stellen:

Zunächst ist die Eindeutigkeit der Darstellung zu nennen. Freiräume müssen so dargestellt werden, daß der Gestaltungsspielraum klar erkennbar ist. In einigen Fällen muß die Funktion eines Merkmals angegeben werden, um eine sinnvolle Einschränkung zu ermöglichen; beispielsweise muß für Festlegung der Anordnung einer Abziehnut zur Bauteildemontage die Funktion der Nut bekannt sein.

Variationen innerhalb eines Freiraumes dürfen nicht über bestimmte Vorgaben hinausgehen, um sicherzustellen, daß Randbedingungen wie beispielsweise die Funktionserfüllung oder die Kollisionsfreiheit mit benachbarten Bauteilen, erfüllt bleiben. Die Möglichkeit der Angabe der Größe bzw. der Grenzen des

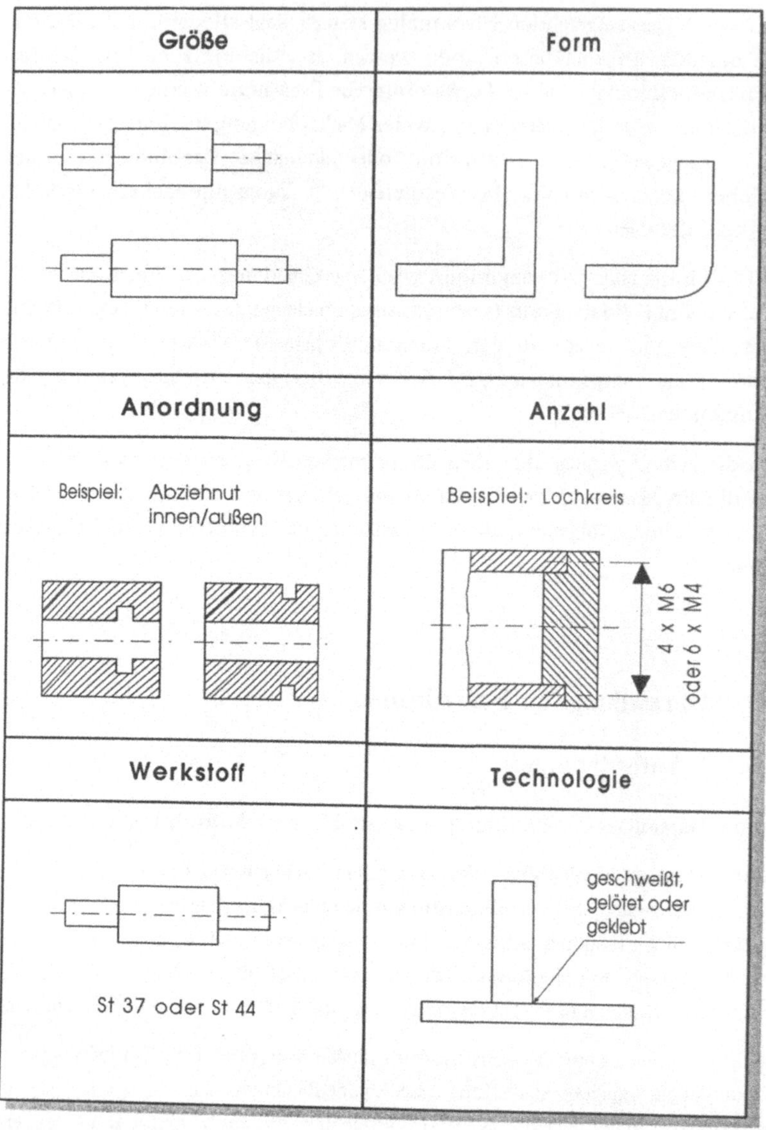

Bild 5-1:   Freiraumarten mit Beispielen

Freiraums ist daher eine weitere Anforderung. Darüber hinaus ist eine Minimierung des Aufwands für die Darstellung wie die Interpretation der Freiräume anzustreben.

Im folgenden werden die prinzipiellen Möglichkeiten für die Freiraumdarstellung untersucht.

5.3.2   Darstellungsmöglichkeiten

Prinzipiell können graphische und textuelle Möglichkeiten der Darstellung unterschieden werden. Die jeweilige Ausprägung orientiert sich dabei an der Art des darzustellenden Freiraums.

Technologie (z.B. Passung, Oberflächengüte), Werkstoff und Anzahl (z.B. von Bohrungen auf einem Lochkreis) werden in technischen Zeichnungen mit Symbolen bzw. Texten dargestellt. Es erscheint daher sinnvoll, mögliche Variationen ebenfalls in Textform anzugeben.

Die Angabe von geometriebestimmenden Freiräumen der Klassen Größe, Form und Anordnung kann alternativ zu einer verbalen Angabe auch graphisch erfolgen. Im folgenden sollen verschiedene Möglichkeiten der graphischen Darstellung aufgezeigt werden:

a.   Es wird nur der Teil der Geometrie gezeichnet, der unveränderlich ist. Die variablen Geometriemerkmale werden offengelassen (Bild 5-2 a).
Der Aufwand für die Erstellung dieser Art der "Darstellung" ist gering. Die Angabe von Freiraumgrenzen kann nur in Textform erfolgen.
Insbesondere wenn an einem Bauteil mehrere, möglicherweise aneinandergrenzende Bereiche von Freiräumen vorhanden sind, wird die Darstellung jedoch untransparent und mißverständlich. Der Aufwand für die Interpretation ist entsprechend größer.

b.   Unmaßstäbliche Zeichnung mit parametrisierter Maßangabe (Bild 5-2 b): Das variable Maß wird unmaßstäblich dargestellt und mit einem Parameter bezeichnet. Minimal- und Maximalwert des Parameters legen die Freiraumgrenzen fest. Diese parametrische Festlegung kann über die Angabe von Lagekoordinaten auch auf den Freiraum "Anordnung" und in eingeschränktem Umfang auf Formen angewendet werden.

Diese Methode ermöglicht eine eindeutige Darstellung bei geringem Aufwand. Allerdings ist die Übersichtlichkeit dadurch eingeschränkt, daß jeweils nur über die Betrachtung der Bemaßung entschieden werden kann, ob ein bestimmtes Geometrieelement unveränderlich oder variabel ist. Nachteilig ist auch die geringere Aussagekraft einer unmaßstäblichen Zeichnung. Insbesondere die Zusammenhänge zwischen Einzelteilen sind nur schwer zu erkennen.

c. Unterschiedliche Kennzeichnung fester und variabler Bereiche:
Die Darstellung erfolgt ähnlich wie in Variante b. Es wird eine mögliche Lösung komplett dargestellt. Dabei werden fixe und variable Geometrien unterschiedlich gekennzeichnet. Möglichkeiten hierfür sind zum Beispiel die Verwendung unterschiedlicher Farben oder Linientypen (Linienstärke und Linienart, Bild 5-2 c).

In Bild 5-3 sind als Beispiel verschiedene Freiräume an einem Wellenab-

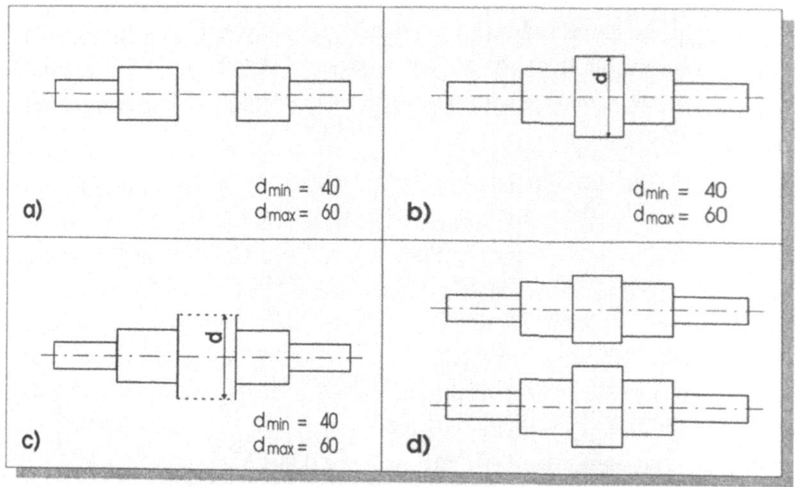

Bild 5-2:   Alternative Möglichkeiten für die graphische Kennzeichnung von Freiräumen

satz dargestellt. Die gepunktete Linie darf jeweils verschoben werden. Je nach gewählter Linie kann so die Variation der **Länge** oder des Durchmessers des Absatzes definiert werden.

Die Freiraumgrenzen müssen als zusätzliche Texte angegeben werden.

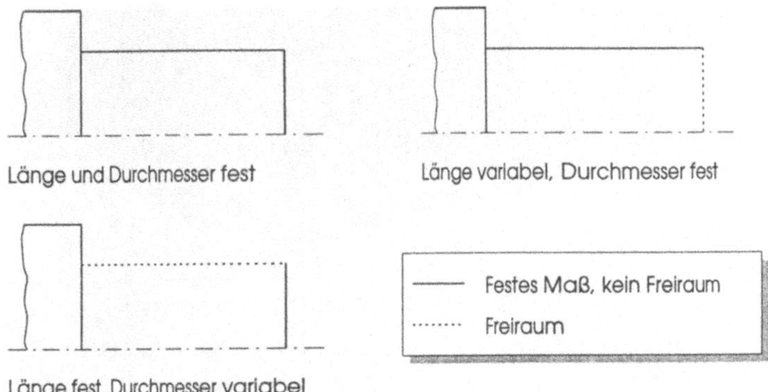

Bild 5-3:   Freiraumkennzeichnung durch unterschiedliche Linienarten

d.   Graphische Darstellung von Ober- und Untergrenze des Freiraums:
Dieses Konzept beinhaltet die zeichnerische Darstellung des Minimal- und Maximalwertes beim Freiraumtyp "Größe" (Bild 5-2 d) bezichungsweise die Angabe der Extremlagen beim Typ "Anordnung". Bezogen auf Formen können Grenzkonturen dargestellt werden.
Bei Verwendung von 3D-CAD-Systemen kann eine überlagerte Darstellung eines schattierten und eines Drahtmodelles die minimale und maximale Ausdehnung des Freiraums kennzeichnen (Bild 5-4).
Die Kennzeichnung von Ober- und Untergrenze des Freiraums ist verglichen mit obigen Konzepten aufwendiger, da jeweils zwei Lösungen gezeichnet werden müssen. Zudem wird die Darstellung unübersichtlich, wenn sich mehrere Freiräume überlagern, da dann die Grenzen eines Freiraumes von der Festlegung eines anderen abhängen können.

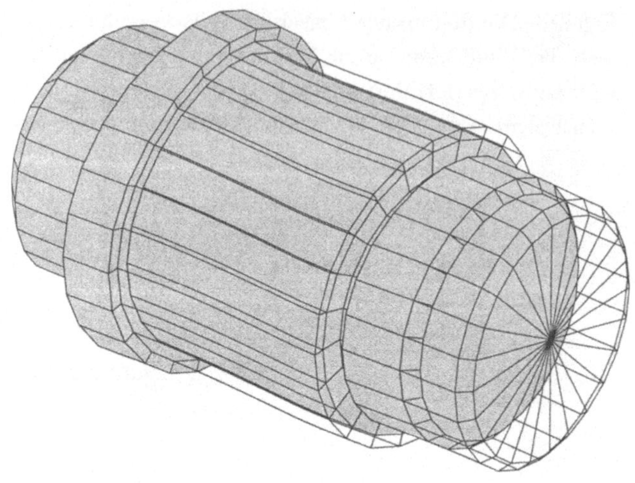

Bild 5-4:   *Darstellung von Ober- und Untergrenze im 3D-Modell*

Die unterschiedlichen Möglichkeiten der Freiraumkennzeichnung wurden am Beispiel zweidimensionaler Darstellungen erläutert, da diese mit konventionellen Hilfsmitteln in technischen Zeichnungen realisiert werden können. Die Konzepte können jeweils ins Dreidimensionale übertragen werden. Statt Linien wären dann zum Beispiel Flächen zu färben.

5.3.3   Konzeption der Freiraumdarstellung

Aus den im vorangegangenen Abschnitt diskutierten Alternativen wird aufgrund der hohen Transparenz und des geringen Durchführungsaufwandes Variante c (unterschiedliche Kennzeichnung fester und variabler Bereiche) ausgewählt.

Erläuterungen sowie Angaben zu den Freiraumtypen Anzahl, Werkstoff und Technologie müssen in Textform ergänzt werden. Eine Zuordnung zu den jeweiligen Freiräumen könnte durch direkte Eintragung in die Zeichnung erfolgen. Aus Gründen der Übersichtlichkeit wird vorgeschlagen, verbale Beschreibungen in einer zusätzlichen Liste festzuhalten und eine Zuordnung zu den jeweiligen Freiräumen analog zu Stücklisten mit Positionsnummern herzustellen. Die Beschreibung der Freiräume in Listenform wird im folgenden als **Freiraumliste** bezeichnet.

Bild 5-5 zeigt das Konzept der Freiraumdarstellung als Kombination einer graphischen Kennzeichnung mit einer textuellen Erläuterung in einer Freiraumliste am Beispiel eines Drehteils. Der Kopfbereich der Liste enthält Zuordnung zu einer Zeichnung und allgemeine Daten wie Bearbeiter und Datum. Den in Abschnitt 5.3.1 gestellten Anforderungen nach zusätzlichen Informationen zu den dargestellten Freiräumen wird durch zusätzliche Spalten in der Freiraumliste Rechnung getragen:

- Die Spalte **Bezeichnung** erleichtert die Identifikation des freiraumbehafteten Geometrieelements.

- Die Eintragung unter **Funktion** ermöglicht dem jeweiligen Bearbeiter zu erkennen, welchen Funktionsanforderungen seine Festlegung genügen muß. Diese Angabe ist notwendig, da Funktionen am Einzelteil häufig nicht identifizierbar sind. Beispielsweise legt die Form und Größe des Absatzes in Bild 5-5 (Positions-Nr. 1) zusammen mit dem angrenzenden Teil die Größe eines Fettraumes zur Lagerschmierung fest.

- Die **Freiraumart** gibt an, in welcher Art und Weise ein Formelement variiert werden darf. Eine Linie kann beispielsweise in ihrer Länge (Freiraumart "Größe") oder in ihrer räumlichen Lage (Freiraumart "Anordnung") verändert oder gar gekrümmt oder mit einem zusätzlichen Absatz (Freiraumart "Form") versehen werden.
  Eine Indizierung ermöglicht darüber hinaus die Angabe, in Richtung welcher Zeichnungskoordinate eine Variation stattfinden darf. L_x bedeutet zum Beispiel, daß das betreffende Formelement in x-Richtung verschoben werden darf. Eine solche Indizierung ist für die Freiräume "Größe" und "Lage" sinnvoll.

- Minimal- und Maximalwert geben die numerischen **Grenzen** des Freiraums (bei "Größe", "Anordnung", "Zahl" und teilweise bei "Technologie") an.

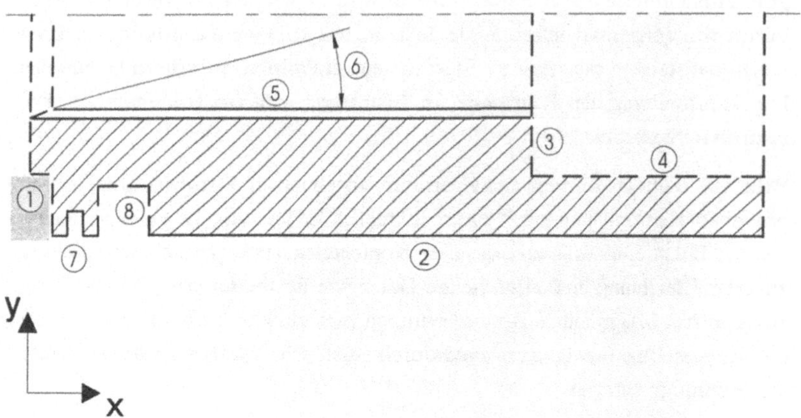

Freiraumliste	Zeichnungs-Nr.: 201 460 8302				
	Datum: 15.02.93		Bearb.: Brachvogel		
Positions-Nr.	Bezeichnung	Funktion	Freiraum-art	min	max
1	Fettraum	Lagerschmierung	G,F	$10mm^3$	
2	Lauffläche Riemen	Übersetzung	G_x	100	150
3	Fläche	Auflage Normscheibe	G,L_x		
4	Ausdrehung	Aufnahme Normscheibe	$G_{x,y}$	62	
5	Nut	Aufn. Passfeder (Unwuchtausgleich !)	G_x		
6	Einführschräge	Montagehilfe	G,F		

Bild 5-5:   *Beispiel für die Darstellung von Freiräumen mit einer Freiraumliste*

Zur Erstellung einer Zeichnung mit zugeordneter Freiraumliste erscheint folgende Vorgehensweise sinnvoll: Zunächst wird ein Geometrievorschlag erstellt, der alle (funktionsrelevante wie -unerhebliche) Geometrien enthält. Anschließend werden die unveränderlichen Geometrien gekennzeichnet (Farbe, Linientyp). Bei häufig wiederkehrenden Funktionselementen, wie zum Beispiel Einstichen, Montageschrägen oder Schraubverbindungen ist eine symbolische Kennzeichnung ausreichend. Die Darstellung muß nur soweit detailliert werden, daß die zu gestaltenden Elemente erkennbar sind.

Parallel zur Kennzeichnung der unveränderlichen Bereiche sind die Freiräume in die Freiraumliste einzutragen. Kriterium für die Erfordernis eines Eintrags in die Freiraumliste ist die Erkennbarkeit des Gestaltungsspielraumes in der Zeichnung. Nur wenn dieser für den detaillierenden Planer nicht erkennbar ist, muß eine verbale Dokumentation erfolgen.

Eine Schwierigkeit stellt die Kennzeichnung von Abhängigkeiten zwischen den Freiräumen dar. Insbesondere maßliche Freiräume beeinflussen sich durch ihre geometrische Verknüpfung. Sind Zusammenhänge an einem Einzelteil noch relativ einfach nachvollziehbar, ergeben sich durch die gegenseitige Beeinflussung der Bauteile komplexere Abhängigkeiten, die bei der Detaillierung beachtet werden und daher dokumentiert sein müssen.

Eine einfache Möglichkeit zur Darstellung komplexer Interdependenzen ist die Erstellung von Beeinflussungsmatrizen, die angeben, mit welchen anderen Bauteilen ein bestimmter Freiraum in Beziehung steht (Bild 5-6).

Mit sinkendem Konkretisierungsgrad des Produkts steigt der Aufwand für die Dokumentation von Freiräumen und deren Abhängigkeiten. Eine Reduzierung dieses Aufwands kann erreicht werden, wenn vor der Erstellung der Freiraumliste eine weitgehende Festlegung der Schnittstellen zwischen den Einzelteilen erfolgt.

beeinflußte Bauteile / Freiräume	Teil 2	Teil 3	Teil 4	...	...	Teile
Teil 1:						
Freiraum 1	X				X	
Freiraum 2			X			
Freiraum 3			X			
......						

Bild 5-6:   *Darstellung von Abhängigkeiten zwischen einzelnen Bauteilen in einer Beeinflussungsmatrix*

5.3.4   Konzeption der Funktionsdarstellung

Für die Detaillierung erforderliche Informationen über Funktionen und Teilfunktionen sind auf Bauteilebene in der Freiraumliste enthalten. Funktionen, die das Zusammenspiel mehrerer Einzelteile betreffen und damit Abhängigkeiten zwischen den Bauteilen definieren, sind am Einzelteil nur mit relativ hohem Aufwand darzustellen, da der funktionale Zusammenhang mit dem angrenzenden Bauteil verbal definiert werden muß.

Daher wird analog zur Freiraumliste die Einführung einer **Funktionsliste** vorgeschlagen, die ebenfalls über eine Positionsnummernzuordnung Funktionen und Funktionszusammenhänge auf Baugruppenebene darstellt. Bild 5-7 zeigt an einem Beispiel den Aufbau der Funktionsliste, die analog zur Freiraumliste neben allgemeinen Kopfdaten jeweils die Positionsnummer innerhalb der Zeichnung, eine Bezeichnung sowie die Funktion enthält.

Funktionsliste	Zeichnungs-Nr.: 201 460 2303 Datum: 17.02.1993	Bearb.: Brachvogel
Positions-Nr.	Bezeichnung	Funktion
1	Sechskant	Festhalten der Welle beim Lösen der Mutter
2	Sicherungsring	verhindert das Lösen der Mutter bei rechts- oder linkslaufendem Werkzeug
3	Wellenabsatz	Werkzeug liegt nicht am Dichtringträger, sondern am Wellenabsatz an (Steifigkeit!!)
4	Fixiermutter f. Lager	steht über das Außenrohr vor Grund: Außenrohr in dieser Länge als Restmaterial vorhanden

Bild 5-7:   Aufbau und Beispiel einer Funktionsliste

Die Funktionsliste weist Parallelen zur Anforderungsliste auf, welche ebenfalls in Listenform die Produktfunktionen enthält. Allerdings ist die Anforderungsliste auf die Gesamtkonstruktion und damit auf die Gesamtfunktion bezogen, wogegen die Funktionsliste Funktionen auf der Baugruppen- und der Einzelteilebene enthält, um die Beziehungen und Abhängigkeiten der Teile untereinander darzustellen.

Neben der Unterstützung beim Einschränken der Freiräume ermöglicht die Funktionsliste eine verbesserte Dokumentation des Konstruktionsprozesses.

Gründe für getroffene Entscheidungen, wie beispielsweise Versuchsergebnisse oder Erkenntnisse aus der Erprobung eines Prototypen können festgehalten werden und stehen als Eingangsinformationen für zukünftige Konstruktionen zur Verfügung.

5.4 Zusammenfassung

Mit der Definition des Freiraums und der Festlegung der Freiraumdarstellung steht die informative Grundlage für die Produktentwicklung zur Verfügung. Der Konstrukteur kann Freiräume festlegen, in der beschriebenen Form dokumentieren und an Fertigungs- und Montageplaner weitergeben.

Im folgenden sollen die sich verändernden Abläufe bei der Produktentwicklung betrachtet werden.

6 Organisatorische Aspekte

6.1 Inhalt dieses Kapitels

Dieses Kapitel behandelt organisatorische Aspekte der Produktentwicklung. Insbesondere werden die Auswirkungen des Freiraumansatzes untersucht. Dabei steht zunächst die Ablauforganisation im Vordergrund.

Nach einleitenden Überlegungen (Abschnitt 6.2) wird ein ablauforganisatorisches Grobkonzept entwickelt, welches sich zunächst auf Konstruktion, Fertigungsplanung und Montageplanung beschränkt (Abschnitt 6.3). In Abschnitt 6.4 wird dieses Grobkonzept um weitere Funktionsbereiche (Versuch, Qualitätswesen, Vertrieb, Einkauf) erweitert und detailliert.

Die intensive Zusammenarbeit bei der Produktentwicklung macht eine Koordination der beteiligten Bereiche erforderlich. Daher wird überprüft, inwieweit ein Einsatz von Methoden des Projektmanagements vorteilhaft ist (Abschnitt 6.5.1). Es werden Überlegungen hinsichtlich einer für die Produktentwicklung geeigneten Form der Aufbauorganisation (Abschnitt 6.5.2) und Maßnahmen zur Steuerung und Überwachung des Entwicklungsablaufes (Abschnitt 6.5.3) angestellt.

Abschnitt 6.6 faßt den erreichten Stand der Arbeiten zusammen.

6.2 Grundlegende Betrachtungen

6.2.1 Frühzeitige Einbindung der Montageplanung

In Abschnitt 4.3 wurde bereits darauf eingegangen, daß in den ersten Konstruktionsphasen die Funktionsdefinition, in den späteren die Definition der Herstellung überwiegt. Für die Festlegung des zeitlichen Ablaufs der Einbindung von Fertigungs- und Montageplanung in den Entwicklungsprozeß sollen nun Fertigung und Montage getrennt betrachtet werden:

Klammert man die bei einigen Produkten erforderliche frühe Entscheidung zwischen alternativen Fertigungsverfahren aus, (an der natürlich die Fertigungsplanung beteiligt sein sollte,) so können Montage und Fertigung wie folgt eingeordnet werden (Bild 6-1):

Obgleich beim Herstellungsprozeß nach der Fertigung angesiedelt, kommen bei der Produktgestaltung (- sofern die einzusetzenden Fertigungsverfahren feststehen -) Montageaspekte vor Aspekten der Fertigung zum Tragen. Dies ist in den Auswirkungen der Konstruktionsphasen auf die Produktherstellung begründet: Bei der Erstellung von Wirkstruktur und Entwurf wird der prinzipielle Aufbau des Konstruktionsgegenstandes definiert. Dabei werden im wesentli-

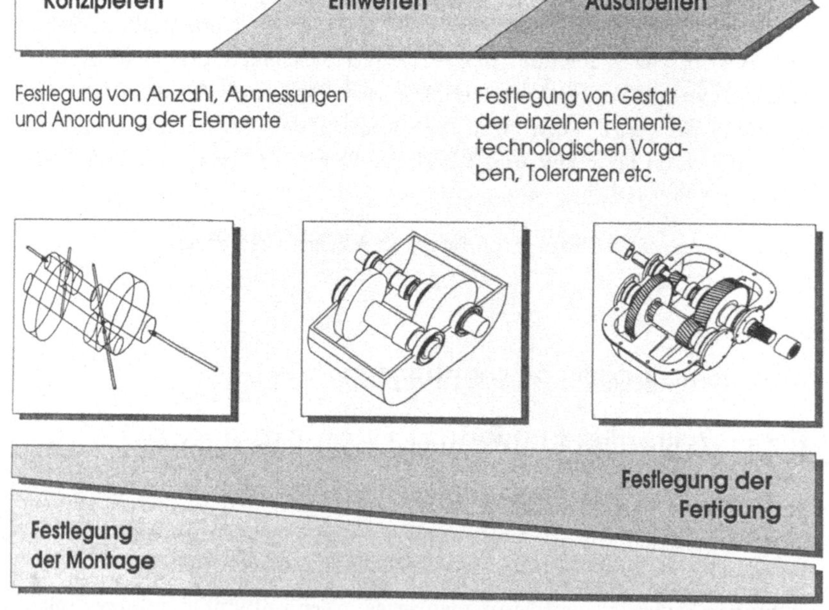

Bild 6-1:   *Montage- und Fertigungseinfluß bei zunehmender Produktkonkretisierung*

chen Anzahl und Dimension der Einzelteile sowie deren räumliche Anordnung festgelegt, wodurch die Produktmontage charakterisiert wird. Die Feingestaltung (Ausarbeiten) beeinflußt hingegen die zur Fertigung notwendigen Abläufe und Betriebsmittel (Maschinenfolgen, Werkzeuge etc.) (Bild 6-1).

Die Montageplanung muß also in der Regel noch vor der Fertigungsplanung in die Produktgestaltung eingebunden werden.

6.2.2 Integrierte Erstellung von Arbeitsunterlagen

Eine Reduzierung von Doppelarbeiten und Eindenkzeiten kann unter anderem durch die Zusammenfassung artverwandter Tätigkeiten erreicht werden. Daher soll untersucht werden, welche Unterlagen sinnvollerweise von der Fertigungsplanung und welche von der Montageplanung erstellt werden können.

Überträgt man die Überlegung, daß sich Montageprobleme in der Regel auf die Produkt- bzw. Baugruppenstruktur beziehen und Fertigungsaspekte primär die Einzelteilgeometrie betreffen, so können auch die zu erstellenden Arbeitsunterlagen in auf die Produktstruktur und auf die Einzelteilgeometrie orientierte Unterlagen gegliedert werden (Bild 6-2):

Da die **Produktstruktur** in enger Korrelation mit der Produktmontage steht, erfordert die Erstellung von Montageplänen, Vorranggraphen, Stücklisten, Montage-, Zusammenstellungs- und Explosionszeichnungen ähnliche Überlegungen. Ebenso bestehen Gemeinsamkeiten bei der Erstellung von Einzelteilzeichnungen, Arbeitsplänen, Betriebsmittelzeichnungen und NC-Programmen, die von ihrem Informationsgehalt stärker auf das **Einzelteil** ausgerichtet sind und vorrangig Fertigungsaspekte behandeln.

Zur Verringerung von Doppelarbeit und geistigen Rüstzeiten (Einarbeiten und Eindenken in erhaltene Unterlagen) soll angestrebt werden, die Erstellung dieser informationsverwandten Unterlagen zusammenzufassen.

Dies betrifft insbesondere Überlegungen, die bei der Auswahl bzw. der Entwicklung von Rechnerhilfsmitteln anzustellen sind (vgl. auch Kapitel 7).

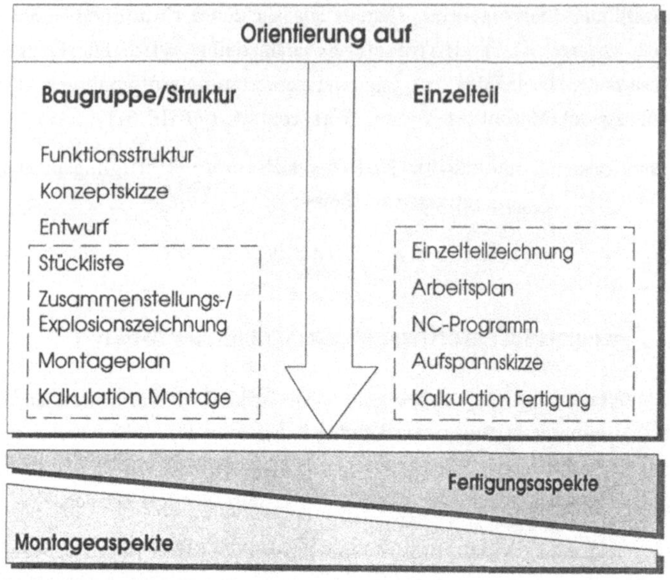

Bild 6-2:   *Montage- und fertigungstechnische Gliederung von Produkt-
und Arbeitsunterlagen*

6.3   Grobkonzeption der Ablauforganisation

Zunächst soll der Grobablauf bei der Produktentwicklung festgelegt werden: Die Art der Zusammenarbeit von Konstruktion, Montageplanung und Fertigungsplanung ist zu definieren. Dabei soll eine weitgehende Aufgabenintegration im Sinne der Zusammenfassung von Teilaufgaben angestrebt werden.

Der in Kapitel 4.3 dargestellte Ansatz sieht in den Phasen mit geringer Produktkonkretisierung eine Zusammenarbeit vor, während Aufgaben der Detaillierung und Ausarbeitung weitgehend eigenständig von Montage- und Fertigungsplanung durchgeführt werden sollen.

Für die Festlegung des Zeitpunkts des Übergangs von einer Konstruktionsunterstützung zu einer eigenverantwortlichen Bearbeitung durch die Produktionsplanung sind der Funktionseinfluß und der Dokumentationsaufwand entscheidende Kriterien: Die Funktion sollte weitgehend festgelegt und durch die Gestaltungsspielräume nach Möglichkeit unbeeinflußt sein, damit die Mitwirkung des Konstrukteurs, der die Funktionsverantwortung trägt, unnötig wird. Eine zu frühe Festlegung des Übergabezeitpunktes hat darüber hinaus den Nachteil, daß bei einer geringen Produktkonkretisierung der Aufwand für die Dokumentation der bestehenden Freiräume stark ansteigt.

Die Ausführungen zur Freiraumdarstellung gehen von einer Freiraumdokumentation auf der Basis von Einzelteilzeichnungen aus. Zur Reduzierung des Aufwandes wurde gefordert, daß die Schnittstellen zwischen den Einzelteilen weitgehend durch den Konstrukteur festgelegt werden. Bei weniger komplexen Produkten kann die Kennzeichnung von Freiräumen und die Übergabe an die Produktionsplanung auf der Basis des Entwurfs erfolgen. Im allgemeinen Fall jedoch erfolgt die Erstellung von Einzelteilzeichnungen mit gekennzeichneten Freiräumen durch den Konstrukteur. Der Aufwand für die Erzeugung der Einzelteilzeichnungen kann dabei erheblich reduziert werden, wenn die Gestaltungsspielräume nur schematisch beziehungsweise unter Verwendung von Symbolen dargestellt werden.

Nach der Festlegung der Schnittstelle zwischen Konstruktion und Produktionsplanung in Form (Freiraumdarstellung) und Zeitpunkt soll die vorgeschaltete Kooperation von Konstruktion und Produktionsplanung bis zum Entwurf betrachtet werden:

Ehrlenspiel schlägt eine Beratung der Konstruktion durch Mitarbeiter der Arbeitsplanung vor und unterscheidet drei Formen der Konstruktionsberatung [EHRL 91]:

- Ein von der Werksleitung benannter Berater aus der Arbeitsvorbereitung kann bei Bedarf von der Konstruktion angefordert werden.

- Der Berater besucht zu festen Zeiten die Konstruktion.

- Der Berater hat einen Arbeitsplatz in der Konstruktion.

Eine Anforderung bei Bedarf macht die Zusammenarbeit von der Einschätzung des Konstrukteurs abhängig. Die Arbeitsvorbereitung hat keine definierte Aufgabe bei der Produktentwicklung. Bei einem in der Konstruktion angesiedelten Mitarbeiter der Arbeitsplanung, der ausschließlich zur Konstruktionsberatung eingesetzt wird, besteht die Gefahr, daß der Informationsstand des Beraters sich mit fortschreitender Zeit verschlechtert.

Die Forderung nach der verantwortlichen Einbindung der Produktionsplanung läßt sich am besten mit zyklischen Besprechungen realisieren, die eine regelmäßige Überprüfung des Konstruktionsstandes nach produktionstechnischen Gesichtspunkten gewährleisten. Teilprobleme können diskutiert und Lösungsvorschläge beim nächsten Treffen diskutiert werden. Die regelmäßige Hinzuziehung fördert zudem die Identifikation von Fertigungs- und Montageplanern mit dem Konstruktionsergebnis. Das vorgeschlagene Vorgehen setzt voraus, daß jeweils die gleichen Mitarbeiter aus Konstruktions- und Fertigungsplanung hinzugezogen werden, um so "geistige Rüstzeiten" zu reduzieren und Vorteile der Teamarbeit zu nutzen.

Schmelzer weist auf die Bedeutung der personifizierten Verantwortung bei der Produktentwicklung hin [SCHM 86]. Wichtig ist bei allen Besprechungen daher ein schriftliches Protokoll, das das Besprechungsergebnis verbindlich macht. Meilensteine, wie beispielsweise die Festlegung des Konzeptes oder die Verabschiedung des Entwurfes sollen gemeinsam entschieden und mit Unterschrift bestätigt werden.

Bild 6-3 zeigt das vorgeschlagene Vorgehen bei der Produktentwicklung:

Montageplanung und Fertigungsplanung sollen bereits beim Pflichtenheft mitwirken, um Montage- und Fertigungsaspekte zu berücksichtigen und die Formulierung nicht oder nur mit hohem Aufwand realisierbarer Anforderungen soweit möglich zu verhindern.

Die Prinzipfindung wird wie bisher eigenverantwortlich von der Konstruktion durchgeführt. Regelmäßige Besprechungen ermöglichen das frühzeitige Ausscheiden unmöglicher oder unwirtschaftlicher Lösungen. Die Auswahl eines Konzeptes erfolgt in gemeinsamer Diskussion. Funktionsstruktur und ausgewähltes Konzept sollen in Freigabebesprechungen gemeinsam verantwortlich verabschiedet werden.

Arbeitsschritt/Ergebnis	K	FP	MP
1. Planen/Aufgabe klären	●	○	○
Pflichtenheft	X	X	X
2. Konzipieren	●	○	○
Funktionsstruktur	X	X	X
Freigabe des Konzeptes	X	X	X
3. Entwerfen	●	○	○
Überarbeiten des Entwurfs nach montagetechnischen Gesichtspunkten (Erstellen eines Grobmontageplanes)	○	( )	●
Freigabe des Entwurfs mit Freiräumen	X	X	X
4. Ausarbeiten	○	●	●
Erstellung der Einzelteilzeichnung mit gekennz. Freiräumen	●		
Montageplanung	○	○	●
Freigabe der Zusammenstellungszeichnung	X	(X)	X
Fertigungsplanung	○	●	○
Freigabe der Einzelteilzeichnungen	X	X	(X)
Produktfreigabe	X	X	X

● Federführung   ○ Mitarbeit   X Übernahme von Verantwortung
                  ( ) Mitarbeit bei Bedarf   für freigegebenes Ergebnis

Bild 6-3:   *Grobkonzept der Produktentwicklung (K: Konstruktion,*
            FP: Fertigungsplanung, MP: Montageplanung)

Bei der Gestaltung (Entwurf) intensiviert sich mit zunehmendem Herstellungseinfluß die Zusammenarbeit. Aufgrund der dargelegten engen Verknüpfung von Produktaufbau und Montage stehen dabei montagetechnische Aspekte im Vordergrund. Der Entwurf legt Montagereihenfolge und -aufwand weitgehend fest und soll daher vor Beginn der Ausarbeitung nach montagetechnischen Gesichtspunkten überarbeitet werden (vom Montageplaner). Diese Tätigkeit umfaßt auch die Vorgabe von Gestaltungsforderungen für die Detaillierung, beispielsweise die Anforderung von Fügeschrägen oder Demontagehilfen am Einzelteil. Die Verabschiedung des freiraumbehafteten Entwurfs ist Gegenstand einer gemeinsamen Freigabebesprechung.

Zu Beginn der Ausarbeitungsphase erstellt die Konstruktion Einzelteilzeichnungen mit gekennzeichneten Freiräumen und zugeordneten Freiraumlisten. In einer Übergabebesprechung werden die Unterlagen an Fertigungs- und Montageplanung weitergeleitet. Gestaltungsspielräume können anhand der Zeichnungen und der Freiraumlisten diskutiert werden. Die Freiraumliste kann in diesem Zusammenhang als formalisiertes Besprechungsprotokoll verstanden werden. Bei der Ausarbeitung werden zunächst Anforderungen der Montage berücksichtigt, bevor die Detaillierung durch die Fertigungsplanung erfolgt. Fragestellungen, die die Funktionserfüllung betreffen, können durch eine regelmäßige Abstimmung mit der Konstruktion geklärt werden. Nach Fertigstellung der Einzelteilzeichnungen werden diese in einer gemeinsamen Freigabebesprechung verabschiedet.

Bei der Mitarbeit von Montageplanung und Fertigungsplanung können Vorteile durch die integrierte Erstellung von Produktunterlagen erzielt werden:

Bei der Überarbeitung des Entwurfs legt der Montageplaner die Montagereihenfolge fest (evtl. unter Erstellung eines Montagevorranggraphen) und erstellt das Gerüst für den Montageplan. Nach Festlegung des Entwurfs kann der Montageplan detailliert und der notwendige Aufwand kalkuliert werden. Zusammenstellungs- und Montagezeichnungen werden vom Montageplaner angefertigt.

Die Fertigungsplanung erstellt parallel zur Erzeugung der Einzelteilzeichnungen Arbeitspläne und gegebenenfalls NC-Programme für die Teilefertigung. Die Definition der benötigten Betriebsmittel (z.B. Spannmittel, Werkzeuge) erfolgt nach Festlegung der Detailgeometrie.

Die parallele Festlegung von Gestalt und Herstellung ermöglicht eine intensive Berücksichtigung herstellungstechnischer Anforderungen. Problempunkte werden in der parallel durchgeführten Produktionsplanung erkannt und führen unmittelbar zu Produktänderungen.

Die Montageplanung findet zu einem sehr frühen Zeitpunkt statt. Eine parallel zur Detaillierung durchgeführte Planung des Montagesystems ermöglicht eine Verkürzung der Zeitspanne bis Produktionsbeginn.

Bei der Produktionsplanung erstellte Bauteilzeichnungen können optimal auf die Erfordernisse der Produktion abgestimmt werden. Zwischengeometrien können bei der Planung dokumentiert und der Fertigung zur Verfügung gestellt werden. Eine eindeutige Erkennbarkeit der Werkstückgestalt vor und nach einem bestimmten Bearbeitungsschritt erhöht die Transparenz in der Fertigung.

6.4   Einbeziehung weiterer Funktionsbereiche

Die im vorangegangenen Abschnitt durchgeführte Beschränkung auf die Funktionsbereiche Konstruktion, Montageplanung und Fertigungsplanung war in der Konzentration auf eine herstellungstechnisch optimale Konstruktion begründet. Desweiteren erscheint die Eingliederung folgender Abteilungen in den Entwicklungsprozeß sinnvoll:

- Versuch
  Klammert man eventuelle Prototyptests aus, so ist die Mitarbeit der Versuchsabteilung im wesentlichen auf die Konzeptphase beschränkt. Mit Prinzip- und Modellversuchen wird die Suche nach neuen Lösungen und Prinzipkombinationen unterstützt. Bei der Erprobung von Funktionsmustern gewonnene Erkenntnisse sind die Grundlage für die Bewertung und die Auswahl von alternativen Konzepten.

- Qualitätswesen
  Wie bereits ausgeführt, werden die Qualitätsmerkmale eines Produktes in hohem Umfang bei der Konstruktion festgelegt. Qualitätsaspekte müssen daher schon bei der Entwicklung berücksichtigt werden. Die Mitarbeit der Qualitätssicherung ermöglicht den Rückfluß von Informationen über aufgetretene Probleme in den Produktentstehungsprozeß. Die Einbeziehung des Qualitätswesens kann auch die Hinzuziehung des Kundendienst beziehungsweise von mit Reklamationen betrauten Mitarbeitern umfassen. Aufgrund der großen Bedeutung sollen die Meilensteine wie Pflichtenheft,

Konzept, Entwurf und Einzelteilzeichnungen jeweils unter Beteiligung der Qualitätssicherung freigegeben werden.

- Vertrieb
Die Vertriebsabteilung stellt das Bindeglied zum Kunden und zum Markt dar. Der Vertrieb sollte daher an der Formulierung des Pflichtenhefts beteiligt sein. Funktionale Forderungen des Marktes, vergleichbare Produkte von Wettbewerbern und erzielbare Preise sind Beispiele für Randbedingungen, die im Pflichtenheft zu verankern sind. Je nach Produkt kann auch das Produktdesign entscheidend für den Markterfolg sein, so daß eine Beteiligung des Vertriebs bis in die Entwurfsphase sinnvoll sein kann.

- Einkauf
Der Einkauf stellt die Schnittstelle zu Zulieferern dar. Für die Entscheidung, ob Einzelteile oder Baugruppen günstiger zugekauft als in Eigenfertigung hergestellt werden können, sind Preise und Liefertermine zu ermitteln. Eine Beteiligung des Einkaufs ist daher im besonderen ab der Entwurfsphase erforderlich. Bei komplexen Produkten kann eine Ausweitung auf den Zulieferer notwendig sein, insbesondere dann, wenn der Zulieferer über im eigenen Unternehmen nicht vorhandenes Fertigungswissen verfügt oder eigenständig Komponenten des Produkts entwickelt.

Bild 6-4 zeigt einen Vorschlag für das Vorgehen in dem entwickelten Modell für die Produktentwicklung. Der Ablauf basiert auf dem in in Bild 6-3 dargestellten Grobkonzept, ist jedoch detaillierter und berücksichtigt die Beteiligung der oben genannten Abteilungen.

Die einzelnen Arbeitspakete innerhalb der Konstruktionsphasen wurden in Anlehnung an die VDI-Richtlinie 2222 [VDI 2222] teilweise übernommen und an das entwickelte Konzept angepaßt.

Die Darstellung enthält für jeden Ablaufschritt die beteiligten Abteilungen und gibt die Art und Weise der durchgeführten Zusammenarbeit an. Dabei werden unterschieden:

- interne Zusammenarbeit:
Durch diese Formulierung soll verdeutlicht werden, daß auch Tätigkeiten, die von einem Funktionsbereich (Abteilung) durchgeführt werden, wieder-

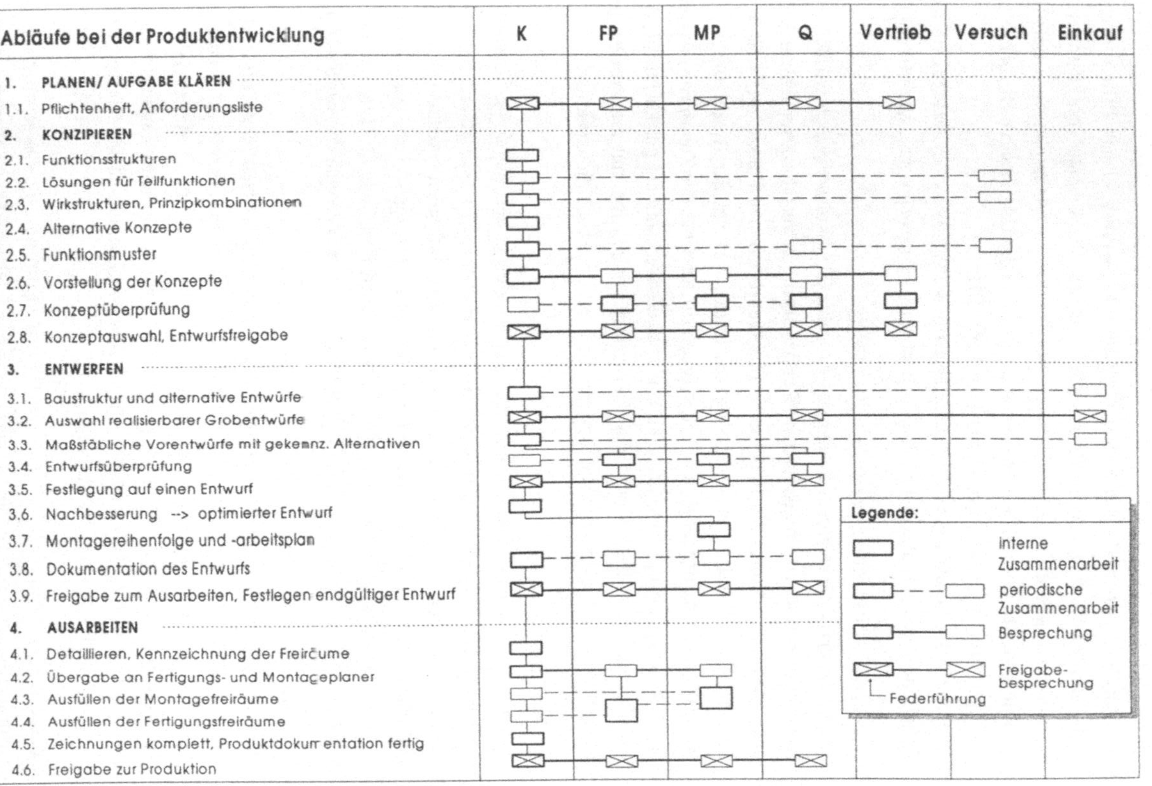

Bild 6-4:   Abläufe und Zusammenarbeit bei der Produktentwicklung

um parallel von mehreren Personen bearbeitet werden können. So werden bei komplexen technischen Produkten einzelne Teilmodule von mehreren Bearbeitern getrennt behandelt. Innerhalb der Fertigungsplanung erfolgt beispielsweise eine Abstimmung zwischen Fertigungsplanerstellung, NC-Programmierung und Betriebsmittelkonstruktion.
Zwischen den Beteiligten muß jeweils eine Zusammenarbeit erfolgen, um Schnittstellen festzulegen und das vorhandene Wissenspotential zu nutzen.

* periodische Zusammenarbeit:
Dieser Begriff bezeichnet die bereits bei der Grobkonzeption geschilderte Vorgehensweise von regelmäßigen Besprechungen verschiedener Abteilungen, zwischen denen die Beteiligten die besprochenen Punkte aufarbeiten können. Es ist dabei jeweils gekennzeichnet, welcher der Beteiligten die Hauptverantwortung trägt und damit federführend bei der Zusammenarbeit ist. In den durch die Funktionsfindung und Grobgestaltung gekennzeichneten Phasen liegt die Federführung bei der Konstruktion, mit zunehmender Detaillierung (Ausarbeiten) bei den Bereichen der Produktionsplanung.

* Besprechung:
Besprechungen zwischen den Abteilungen finden in der Regel zur Vorstellung und Diskussion gemeinsam zu verantwortender Arbeitsergebnisse statt. Anregungen und Hinweise für das weitere Vorgehen werden gemeinsam erarbeitet, Aufgaben und Verantwortlichkeiten gemeinsam festgelegt. Je nach Komplexität der Aufgabenstellung kann eine Zeile der Darstellung mehrere Treffen und somit auch kleine, kurze Korrekturschleifen bedeuten.

* Freigabebesprechung:
Freigabebesprechungen führen jeweils zu einem konkreten Ergebnis, das von den Beteiligten gemeinsam verantwortet (und unterzeichnet) werden muß. Das Besprechungsergebnis kann die Freigabe eines "Meilensteins" wie die Entscheidung für ein endgültiges Konzept oder einen Entwurf sein, aber auch in der Auswahl aus mehreren Alternativen bestehen, die der Einschränkung der Lösungsvielfalt dient.

Der dargestellte Ablauf ist als Grundgerüst zu verstehen, für das je nach Firmenerfordernissen eine produkt- oder firmenspezifische Modifizierung erfolgen kann. Durch die frühzeitige Einbeziehung weiterer Funktionsbereiche in den Prozeß der Produktentwicklung sollen Qualitäts- und Zeitvorteile erzielt werden. Die erforderliche enge Zusammenarbeit führt jedoch zu einer größeren Komplexität des Ablaufes:

Abstimmungsgespräche und Freigabebesprechungen, auf die sich die Beteiligten anhand von Unterlagen vorbereiten, müssen terminlich koordiniert werden. Gegenüber der konventionellen seriellen Abarbeitung der anfallenden Teilaufgaben erfolgt ein häufigerer Austausch von Unterlagen, der über eine Summierung von Liegezeiten nicht zu einer Verlängerung der Entwicklungszeit führen darf. Es soll daher im folgenden untersucht werden, inwieweit eine Behandlung der geschilderten Problematik mit Methoden des Projektmanagements sinnvoll ist.

6.5 Projektorientierte Organisation

6.5.1 Projekteigenschaft der Produktentwicklung

In Abschnitt 3.7.1 wurde bereits darauf eingegangen, daß die Produktentwicklung hinsichtlich ihrer Merkmale als Projekt (FuE-Projekt) angesehen werden kann.

Insbesondere führt die Neugestaltung des Entwicklungsablaufs zu einer stärkeren Ausprägung von Komplexität und interdisziplinärer Zusammenarbeit gegenüber konventionellen Vorgehensweisen. Diese beiden Merkmale sind als die Hauptauslöser für die Verwendung von Projektmanagementmethoden anzusehen.

Als weiteres wichtiges Merkmal ist die Projektgröße zu nennen, die sich anhand verschiedener Faktoren wie zum Beispiel Mitarbeiterzahl oder Zeitdauer bemessen läßt und die gleichzeitig Rückschlüsse auf die organisatorische Komplexität und den dadurch notwendigen Kommunikations- und Koordinationsgrad eines Projektes erlaubt. Schmelzer unterscheidet nach der Mitarbeiterzahl kleine (< 6 Mitarbeiter), mittlere (6 - 20 Mitarbeiter) und große Projekte (> 20 Mitarbeiter). Die Projektgröße stellt ein weiteres Kriterium zur Beurteilung der Anwendbarkeit des Projektmanagements dar (Bild 6-5) [SCHM 86]:

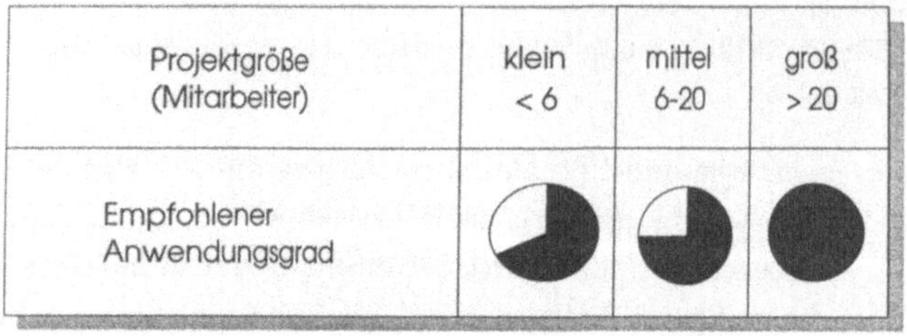

Projektgröße (Mitarbeiter)	klein < 6	mittel 6-20	groß > 20
Empfohlener Anwendungsgrad			

Bild 6-5:   *Empfohlener Anwendungsgrad von Projektmanagementmethoden bei Entwicklungsprojekten (nach [SCHM 86])*

Aufgrund der Anzahl der beteiligten Funktionen ist die Produktentwicklung mindestens als mittleres Projekt einzuordnen. Bei in Funktion und Herstellung aufwendigeren Produkten ist nach der genannten Einteilung von großen Projekten auszugehen, da einzelne Funktionen zur Parallelisierung und damit Beschleunigung der Entwicklung (z. B. mehrere Arbeitsplaner bei großer Einzelteilzahl) sowie aufgrund von erforderlichem Spezialwissen (Unterteilung zum Beispiel in Elektro- und mechanische Konstruktion, Arbeitsplanung für spanende und Schweißfertigung) auf mehrere Funktionsträger verteilt werden.

Die Voraussetzungen für den Einsatz des Projektmanagements sind somit in hohem Ausmaß gegeben. Die in Abschnitt 3.7.2 beschriebenen Projektmanagement-Elemente können somit direkt auf den Entwicklungsprozeß übertragen werden. Anwendungsgrad und Nutzen einzelner Elemente hängen stark von der Produktkomplexität und damit von der Projektgröße ab.

Im folgenden sollen Aspekte der Aufbau- und Ablauforganisation des Projektmanagements auf den neuen Entwicklungsprozeß angewendet werden.

6.5.2   Projektorientierte Aufbauorganisation

Zur Festlegung der Aufbauorganisation müssen zunächst Funktionen festgelegt
und Aufgabenträgern zugeordnet werden. Dieser Schritt ist bereits in den Abschnitten 6.3 und 6.4 erfolgt.

Das Projektmanagement unterscheidet im wesentlichen vier Varianten der Projektorganisation:

- Projekte in Linienorganisation.

- Reine Projektorganisation

- Stabsprojektorganisation

- Matrixorganisation

Für eine detaillierte Beschreibung und Charakterisierung dieser Organisationsformen sei auf die Literatur (z. B. [KUMM 86, SCHM 86]) verwiesen.

Im folgenden soll die Eignung der unterschiedlichen Organisationsformen für
den vorliegenden Ansatz untersucht werden:

Die Abwicklung von Projekten in **Linienorganisation** wird in der Literatur nur
bei kleinen Projekten empfohlen, die ganz in einer fachorientierten Linienstelle
abgewickelt werden können. Diese Organisationsform erscheint daher für den
vorliegenden Anwendungsfall ungeeignet.

Bei der **reinen Projektorganisation** werden alle Projektaktivitäten in einer ei-
gens für das Projekt eingerichteten Organisationseinheit durchgeführt. Dies ist
insofern vorteilhaft als eine sehr gute Identifikation der Mitarbeiter mit der
Projektaufgabe erreicht wird. Im Laufe eines Entwicklungsprojekts verschiebt
sich jedoch stark der Kapazitätsbedarf der einzelnen Funktionsträger. Zwar
müssen Arbeits- und Montageplaner bereits bei Pflichtenhefterstellung und
Konzeption mitwirken, der Schwerpunkt ihrer Tätigkeit liegt jedoch in der
Ausarbeitungsphase. Zudem besteht das Problem der Wiedereingliederung der
Mitarbeiter nach Projektende. Eine Zusammenfassung aller Beteiligten in einer
temporären Projektstelle ist daher im vorliegenden Fall nicht sinnvoll.

Die **Stabsprojektorganisation** ist dadurch gekennzeichnet, daß bei unveränderter funktionaler Hierarchie ein Projektkoordinator eingesetzt wird, der jedoch über keine disziplinarische Weisungsbefugnis verfügt. Die geringe disziplinarische Gewichtung erschwert schnelle Reaktionen bei Projektstörungen und steht zudem einer guten Identifikation der Mitarbeiter mit dem Projekt entgegen. Auch in der Literatur wird ausdrücklich auf die häufig schlechten Projektergebnisse hingewiesen [SCHM 86].

Die größten Vorteile für den vorliegenden Ansatz scheint die **Matrixorganisation** (Bild 6-6) zu bieten. Die Projektfunktionen werden hier auf Linien- und/oder temporäre Stellen übertragen. Charakteristisch ist, daß Verantwortung und Kompetenzen projektbezogen zwischen dem Projektleiter und den jeweiligen Linieninstanzen aufgeteilt sind. Diese Organisationsform ermöglicht die Berücksichtigung des im Projektverlauf schwankenden Kapazitätsbedarfes der einzelnen Projektfunktionen. Auch die Problematik der Wiedereingliederung der Mitarbeiter nach Projektende stellt sich hier nicht.

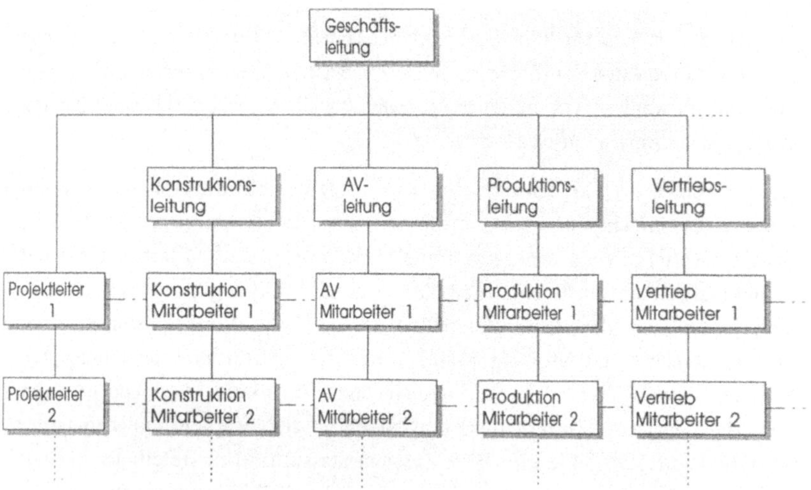

Bild 6-6:   *Projekte in Matrixorganisation*

Um den Einarbeitungsaufwand zu minimieren, muß zusätzlich gefordert werden, daß einem bestimmten Entwicklungsprojekt für den gesamten Projektverlauf immer die gleichen Personen innerhalb jeder Linienstelle zugeordnet werden. Die Projektleitung kann zunächst von der Konstruktion ausgeübt werden. Aufgrund der intensiven Einbindung der Arbeitsplanung in der Ausarbeitungsphase kann erwogen werden, die Projektleitung nach der Festlegung des endgültigen Entwurfs an die Arbeitsplanung zu übertragen. Dies ist jedoch nur dann sinnvoll, wenn es gelingt, die Verantwortlichkeiten klar abzugrenzen, um nicht dem Projektmanagement-Grundsatz der personifizierten Verantwortung zu widersprechen. Andererseits führt die Zuteilung von Verantwortung zu einer erhöhten Identifikation mit der Projektaufgabe.

Zu den bereits behandelten Projektfunktionen (Konstruktion, Fertigungsplanung, ...) besteht die Möglichkeit der Einrichtung sogenannter **Supportstellen**, das sind Linienstellen, die auf bestimmte Projektmanagementdienste spezialisiert sind und diese in Projekten zur Verfügung stellen. Supportstellen können beispielsweise Aufgaben der Projektüberwachung und -steuerung (z.B. Terminplanung, Netzplanpflege etc.) oder bereichsübergreifende Funktionen wie zum Beispiel des Konfigurationsmanagements ausüben [NEHE 85].

Administrative Tätigkeiten haben bei Mitarbeitern innerhalb der technischen Auftragsabwicklung häufig einen niedrigen Stellenwert. Die Auslagerung solcher Tätigkeiten in Supportstellen gewährleistet deren durchgängige Anwendung im Projektverlauf. Die zentrale Zusammenführung von Aufgaben des Projektmanagements führt zudem zu einer Vereinheitlichung der eingesetzten Verfahren und Hilfsmittel. Bei kleinen Projekten (weniger als sechs Mitarbeiter) schlägt Schmelzer die Wahrnehmung der Projektmanagementfunktionen durch den Projektleiter vor [SCHM 86].

6.5.3 Projektorientierte Ablauforganisation

Innerhalb des Systems des Projektmanagements umfaßt die Ablauforganisation die Definition und Synchronisation der Teilprozesse eines Projekts, die Unterteilung des Gesamtablaufes in Phasen sowie die Festlegung der Verfahren und

Werkzeuge, die in den Teilprozessen und Phasen des Projektes anzuwenden sind. Ziel der Ablauforganisation ist es, die Koordination der Funktionseinheiten und ihre Integration in den Prozeßablauf sicherzustellen [SCHM 86].

Die in Abschnitt 6.4 angestellten Überlegungen zur Ablauforganisation bei der Produktentwicklung können als Teilprozeß innerhalb des Gesamtprojekts aufgefaßt werden, der nach rein technischen (funktionalen und herstellungstechnischen) Gesichtspunkten ausgerichtet ist. Dieser Teilprozeß soll im folgenden als **Systementwicklung** bezeichnet werden.

Im Gegensatz zu den bisherigen Betrachtungen wird im Projektmanagement eine strenge Trennung der Teilprozesse eines Projektes gefordert: Neben der Systementwicklung stellt die Wahrnehmung von Aufgaben des Projektmanagements einen weiteren Teilprozeß eines Entwicklungsprojektes dar (Bild 6-7).

Durch die Definition eines eigenen Teilprozesses und die Zuordnung von Aufgaben und Ergebnissen wird die Wahrnehmung dieser für den Projekterfolg wichtigen, jedoch nicht unmittelbar zum Projektfortschritt beitragenden Aufgabe gefördert.

Die in Abschnitt 6.4 getroffenen Festlegungen für den Teilprozeß der Systementwicklung entsprechen weitgehend den Anforderungen des Projektmanagements: Der Prozeß ist in Phasen gegliedert, die mit einem bestimmten Ergebnis (z. B. Anforderungsliste, Konzept, Entwurf) abgeschlossen werden. Die Überprüfungen der Ergebnisse der einzelnen Phasen werden im Projektmanagement als Reviews bezeichnet und entsprechen den vorgesehen Freigabebesprechungen.

Im Sinne einer konsequenten Einteilung in Phasen kann als zusätzliche Phase die Projektplanung eingeführt werden, die nach Abschluß der Aufgabenklärung einsetzt und eine Strukturierung und Planung des Gesamtprojektes beinhaltet.

Bild 6-7 zeigt als Balkenplan das Konzept eines Entwicklungsprojektes mit den genannten Phasen und Teilprozessen. Die auftretenden Meilen- und Hauptmeilensteine sind unter Kennzeichnung der beteiligten Teilprozesse (gestrichelte Linie) aufgetragen.

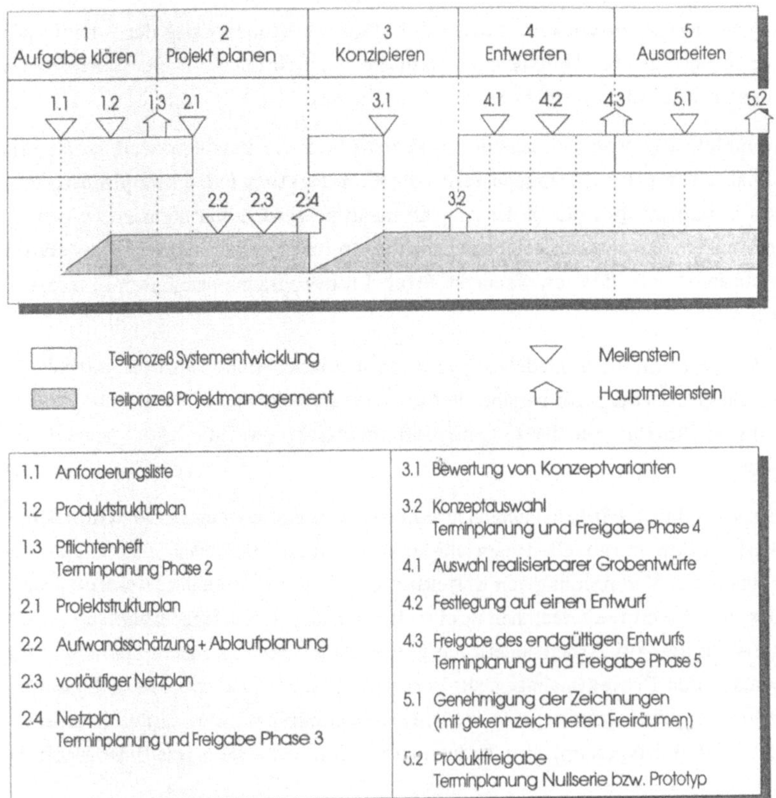

Bild 6-7:   Balkenplan des Entwicklungsablaufes

6.6   Zusammenfassung der bisherigen Arbeiten

Ausgehend von der Problematik des Istzustandes der Produktentwicklung wurde ein Konzept entwickelt, welches die stärkere Einbeziehung der Arbeitsplanung sowie weiterer Unternehmensbereiche vorsieht, um ein verbessertes Konstruktionsergebnis zu erhalten.

Die Einführung von dokumentierten Freiräumen im Produktmodell stellt eine Formalisierung der Zusammenarbeit von Konstruktion und Arbeitsplanung dar. Die Gestaltungsspielräume der Arbeitsplanung werden klar definiert, wodurch der Grad der Zusammenarbeit und damit auch das Konstruktionsergebnis weniger abhängig von den jeweils an der Produktentwicklung beteiligten Einzelpersonen sind.

Die Kooperation verschiedener Funktionsbereiche ermöglicht den erforderlichen Rückfluß von Informationen in die Konstruktion und führt zu einer besserem Identifikation mit der Aufgabe und letztlich dem gemeinsam gestalteten Produkt.

Die beschriebene Einbeziehung mehrerer Abteilungen in den Entwicklungsprozeß erhöht den personellen Entwicklungsaufwand. Dem stehen Zeiteinsparungen durch die Vermeidung von Korrekturschleifen aufgrund der besseren Fertigungs- und Montagegerechtheit des Produktes und die Aufgabenintegration bei der Erstellung von Arbeitsunterlagen gegenüber. Der konsequente Einsatz von Methoden des Projektmanagements ermöglicht durch die verbesserte Synchronisation der Teilprozesse eine weitere Beschleunigung des Entwicklungsablaufs, so daß insgesamt eine Reduzierung der Entwicklungszeit möglich ist (Bild 6-8).

Zusätzliche Vorteile für das Unternehmen ergeben sich durch die Reduzierung der Herstellkosten und eine höhere Produktqualität.

Eine weitere Verbesserung kann durch den Einsatz geeigneter Rechnerhilfsmittel zur Unterstützung der zu bewältigenden Teilaufgaben erzielt werden.

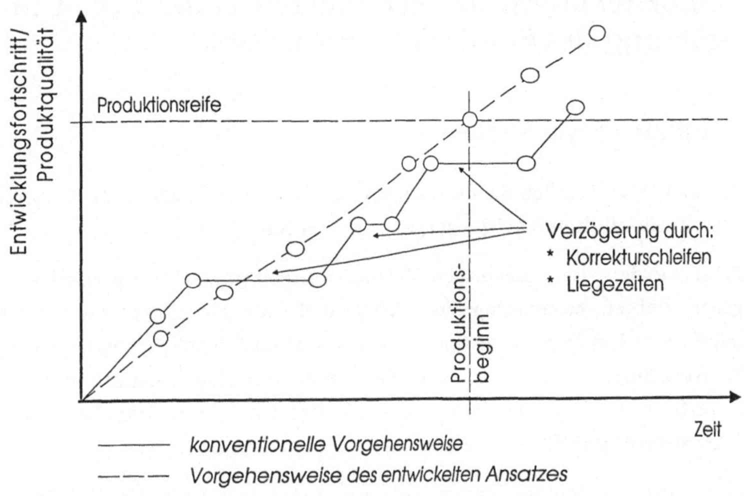

Bild 6-8:   *Schnellere Produktentwicklung trotz geringerer Entwicklungs-geschwindigkeit durch die Vermeidung von Korrekturschleifen*

7 Anforderungen an Rechnerhilfsmittel zur Unterstützung des Entwicklungsprozesses

7.1 Inhalt dieses Kapitels

In diesem Kapitel sollen Anforderungen an Rechnerhilfsmittel zur Unterstützung des entwickelten Ansatzes aufgestellt werden.

Zunächst werden die wesentlichen Veränderungen gegenüber konventionellen Vorgehensweisen zusammengefaßt (Abschnitt 7.2). Die möglichen Rechnerhilfsmittel werden in Systeme organisatorischer und technischer Art unterteilt. In den Abschnitten 7.3 und 7.4 wird für beide Bereiche diskutiert, inwieweit heute verfügbare Systeme einsetzbar sind, beziehungsweise welche zusätzlichen Anforderungen für eine Einsetzbarkeit zu stellen sind.

Aufgrund ihrer Bedeutung für den vorliegenden Ansatz bildet die Simulationstechnik dabei den Schwerpunkt der Betrachtungen.

7.2 Anforderungen aus dem veränderten Ablauf

Die Veränderungen des behandelten Ansatzes gegenüber der Istsituation lassen sich in technische und organisatorische Aspekte unterteilen (Bild 7-1).

Aus technischer Sicht sind zunächst Anforderungen aus der Einführung eines Produktmodells mit Freiräumen zu nennen. Die Freiräume müssen eindeutig dargestellt werden. Dies umfaßt zum einen die graphische Kennzeichnung und zum anderen die Dokumentation in Freiraum- und Funktionslisten. Weiterhin ergeben sich Anforderungen hinsichtlich der Darstellung und Verwaltung von Abhängigkeiten zwischen den Bauteilen, die für die Einschränkung der Freiräume von Bedeutung sind.

Das Konzept der Zusammenfassung der Erstellung von Arbeitsunterlagen mit ähnlichen Informationsinhalten ist eine weitere wesentliche Veränderung, die einen Ansatzpunkt für die Entwicklung neuer Rechnerhilfsmittel darstellt.

TECHNISCHE ASPEKTE	ORGANISATORISCHE ASPEKTE
Freiraumkonzept * Darstellung * Freiraum- und Funktionslisten * Dokumentation von Abhängigkeiten **Zusammenfassen der Erstellung von Arbeitsunterlagen** * fertigungstechnischer Art * montagetechnischer Art **Überprüfung des Arbeitsergebnisses** * Funktion * Herstellbarkeit	**Projektmanagement** * Projektleitung * Instrumente **Datenverwaltung** * Informations- bereitstellung * Zugriffsregelung

Bild 7-1:   Organisatorische und technische Veränderungen

Eine Möglichkeit zur Vermeidung von zeitaufwendigen Korrekturschleifen ist die frühzeitige Überprüfung der jeweiligen Arbeitsergebnisse (Funktion, Herstellbarkeit). Hierfür sind aufgrund der hohen Komplexität vieler Produkte ebenfalls Hilfsmittel erforderlich. Dies betrifft sowohl die Überprüfung der Funktion als auch der Herstellbarkeit.

Aus organisatorischer Sicht liegt, wie in Kapitel 6 bereits diskutiert, ein komplexerer Ablauf durch den erhöhten Kommunikations- und Koordinierungsaufwand vor. Die eingesetzten Methoden und Werkzeuge des Projektmanagements können ebenfalls Gegenstand einer Rechnerunterstützung sein. Die Zusammenarbeit mehrerer Mitarbeiter und Abteilungen erfordert darüber hinaus eine geregelte Datenverwaltung. Rechte hinsichtlich Zugriff und Veränderung der Produktdaten müssen festgelegt, alle notwendigen Informationen dem jeweiligen Funktionsträger zur Verfügung gestellt werden.

Im folgenden soll zunächst auf organisatorische Hilfsmittel eingegangen werden.

7.3   Hilfsmittel für organisatorische Aufgabenstellungen

In Kapitel 6 wurde auf die Anwendbarkeit von Methoden und Werkzeugen des Projektmanagements eingegangen. Eine Rechnerunterstützung der anfallenden Aufgaben wird durch die Vielzahl verfügbarer Projektmanagementsysteme ermöglicht. Diese decken u. a. die Projektstrukturierung (Erstellung von Produkt- und Projektstrukturplänen, Netzplangenerierung) sowie Aufgaben der Terminplanung und -kontrolle ab. Für eine ausführliche Darstellung der verfügbaren Systeme sei auf [DWOR 90] verwiesen.

Die Planungssystematik der Projektmanagementsysteme orientiert sich an der längerfristigen Planung in Planungszyklen und ist nicht geeignet für die Abwicklung kurzfristiger, ereignisorientierer Steuerungsmaßnahmen. Ebenfalls unberührt bleibt der Aufgabenkomplex der Datenverwaltung.

Eine Weiterentwicklung der Projektmanagementsysteme im Hinblick auf die Erfordernisse der technischen Auftragsabwicklung stellt die Auftragsleittechnik dar. Dieser kommt die Aufgabe zu, die Erarbeitung von Teiledaten sowie die Erstellung von Arbeitsunterlagen im Vorfeld der Fertigung zu planen, zu überwachen und zu steuern. Die Steuerungsfunktionen sind dabei auf einen kurzfristigen Planungshorizont ausgerichtet. Gegenüber Projektmanagementsystemen ist eine stärkere datentechnische Vernetzung der beteiligten Bereiche realisiert. Einen Überblick über den Stand der Auftragsleittechnik vermittelt [LIND 93].

Die Auftragsleittechnik kann aufgrund der starken Anlehnung an das Projektmanagement auch auf die veränderten Abläufe des Ansatzes dieser Arbeit angewendet werden. So wird beispielsweise in der Auftragsleittechnik die Einrichtung einer Auftragsleitstelle vorgeschlagen, die in ihren Aufgaben weitgehend der in Kapitel 6 beschriebenen Supportstelle entspricht.

Für weiterführende Gedanken zur Auftragsleittechnik sei an dieser Stelle auf die Literatur (z. B. [LIND 93]) verwiesen.

7.4   Hilfsmittel für technische Aufgabenstellungen

7.4.1   Grundlegende Betrachtungen

Allgemeine Forderungen (vgl. Stand der Technik), zum Beispiel nach einer besseren Unterstützung bei Tätigkeiten des Konzipierens und Entwerfens bleiben von den durchgeführten Betrachtungen unberührt, da in diesen Phasen wesentliche Unterschiede zur heutigen Vorgehensweise auf den organisatorischen Bereich beschränkt sind. Spezifische Anforderungen, vor allem an die eingesetzte CAD-Technik, ergeben sich durch den Freiraumansatz:

Die graphische Darstellung von Freiräumen wurde in Kapitel 4 bewußt einfach gestaltet. Die Durchführung ist weitgehend mit den Funktionalitäten kommerziell verfügbarer CAD-Systeme möglich. Die Bildschirmdarstellung unterschiedlicher Farben und Linienarten ist Stand der Technik. Durch die Einführung verschiedener Layer ("Schichten" eines graphischen Objekts [EIGN 82]) können variable und feste Geometrien unterschieden werden. Für eine Vereinfachung der Erstellung von Freiraum- und Funktionslisten ist eine Verknüpfung von Geometriemerkmalen mit Erklärtexten vorteilhaft. Grenzen und Funktion eines Freiraumes könnten bei graphischer Identifikation des entsprechenden Geometrieelementes am Bildschirm ausgegeben werden.

Bei der vorgesehenen Detaillierung durch die Arbeitsplanung ist der vorbereitende Zeichenaufwand des Konstrukteurs möglichst gering zu halten. Eine Unterstützung ist hier durch die Makrotechnik möglich, die das schnelle Einfügen vordefinierter Symbole, zum Beispiel für Einstiche oder Befestigungsbohrungen erlaubt.

Die in Kapitel 3.3.2 dargestellten Funktionalitäten parametrischer CAD-Systeme, die zum Beispiel die Verknüpfung von Maßen über die Vorgabe mathematischer Gleichungen vorsehen, können auch zur Definition der Abhängigkeiten in einem Produktmodell mit Freiräumen eingesetzt werden. Bei der Festlegung eines Maßes innerhalb des vorgegebenen Freiraums werden die verknüpften Geometrien automatisch angepaßt.

Die häufiger erforderliche Abstimmung der Projektbeteiligten läßt den Einsatz von 3D-CAD-Systemen sinnvoll erscheinen, da bei Vorliegen eines 3D-Modells geringere Eindenkzeiten (geistige Rüstzeiten) benötigt werden.

Hinsichtlich der integrierten Erstellung von Arbeitsunterlagen und der Überprüfung von Funktion und Herstellbarkeit (Bild 7-1) bestehen Möglichkeiten durch den Einsatz der graphischen Simulation, auf die im folgenden eingegangen werden soll.

7.4.2 Bedeutung der graphischen Simulation für den vorliegenden Ansatz

Bei der Beschreibung des Stands der Technik wurde bereits auf Anwendungsmöglichkeiten der graphischen Simulation eingegangen:

- Kinematische Untersuchungen an Simulationsprototypen (Virtual Prototyping) können bereits sehr früh erfolgen und vermeiden so längere Korrekturschleifen (z. B. [LINN 92]).

- Mit Hilfe der Robotersimulation kann parallel zum Produkt das Montagesystem entwickelt werden, wodurch ebenfalls erhebliche Zeitreduzierungen ermöglicht werden [SCHU 92].

Auch die Montierbarkeit kann frühzeitig in der Simulation überprüft werden. Dabei kann in verschiedenen Detaillierungsgraden simuliert werden: Werden nur die Bauteilbewegungen simuliert, kann die prinzipielle Montierbarkeit nachgewiesen und der Montagevorranggraph entwickelt werden [WRBA 90]. Durch die Einbeziehung eines Werkermodells kann überprüft werden, ob der zur Verfügung stehende Raum bei der manuellen Montage auch für das eingesetzte Werkzeug und die Hand des Werkers ausreichend ist [PFRA 90, KUMM 92].

Im Sinne der integrierten Erstellung von Arbeitsunterlagen ist besonders der Ansatz von Kummetsteiner von Bedeutung: In dem Simulationssystem Any-SIM können mit einem Werkermodell Montierbarkeitsuntersuchungen durchgeführt werden. In dem gleichen dreidimensionalen Simulationsszenario wird der zugehörige manuelle Arbeitsplatz aufgebaut und nach Gesichtspunkten der Ausführzeit und Ergonomie optimiert (Bild 7-2). Auch die zur Montage erforderlichen Unterlagen können erstellt werden: Unter Verwendung der aus dem Simulationslauf bekannten Montagereihenfolge und -zeiten wird durch die interaktive Ergänzung weniger Eingaben (z. B. der Kostenstelle) ein Montageplan erstellt. Wichtig ist dabei, daß durch die Verwendung vorhandener Informationen (z. B. Ausführzeiten) der Erstellungsaufwand erheblich reduziert wird [KUMM 93].

Bild 7-2:   Simulation der manuellen Montage

Als zusätzliche Ausgaben können mit geringem Aufwand Stücklisten, Explosions- und Zusammenstellungszeichnungen sowie Arbeitsplatzlayouts geplottet werden. Videoaufnahmen der Simulation können zur Arbeitsunterweisung verwendet werden (Bild 7-3).

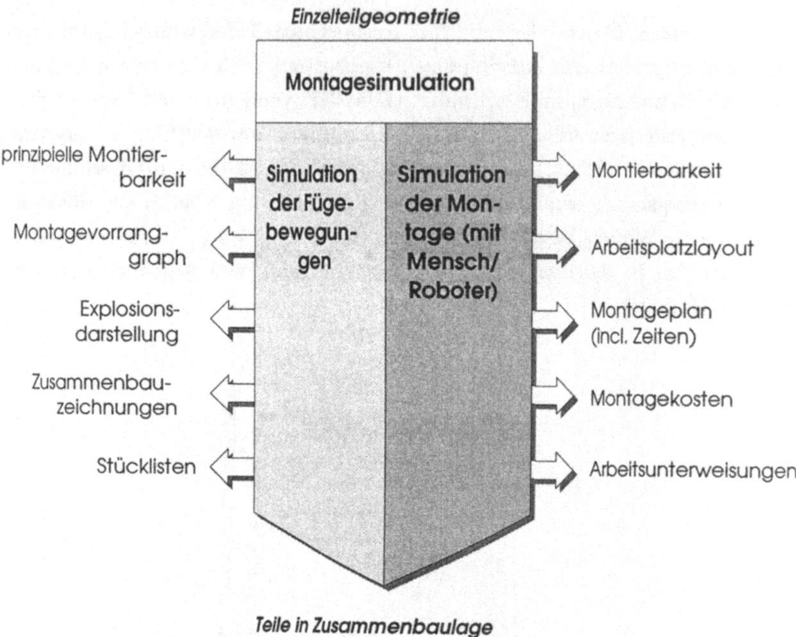

Bild 7-3:   *Montagesimulation mit integrierter Erstellung von Arbeitsunterlagen*

Ein vergleichbares Konzept ist auch für die spanende Fertigung denkbar. Hier ist eine Integration bei der Erstellung von Einzelteilzeichnung, Arbeitsplan, NC-Programm und Spannplan anzustreben. Einen prinzipiellen Ansatz liefert hier Koepfer [KOEP 91], der aufbauend auf der Fertigteilgeometrie eine Integration von Arbeitsplanung und NC-Programmierung durchführt. Die Kollisionsfreiheit und Herstellbarkeit werden dabei nicht berücksichtigt.

Im Unterschied dazu bedeutet eine konsequente Umsetzung der Überlegungen zur Montagesimulation für den Fertigungsbereich, daß die Fertigteilgeometrie und damit auch die Einzelteilzeichnung Ergebnisse der Simulation des Fertigungsprozesses sind. Eine Integration in den vorliegenden Ansatz kann zu folgender Vorgehensweise führen (Bild 7-4):

Der Planer legt ausgehend von der mit Freiräumen behafteten Einzelteilgeometrie das Rohteil fest und spannt dieses auf der "Simulationsmaschine" auf.

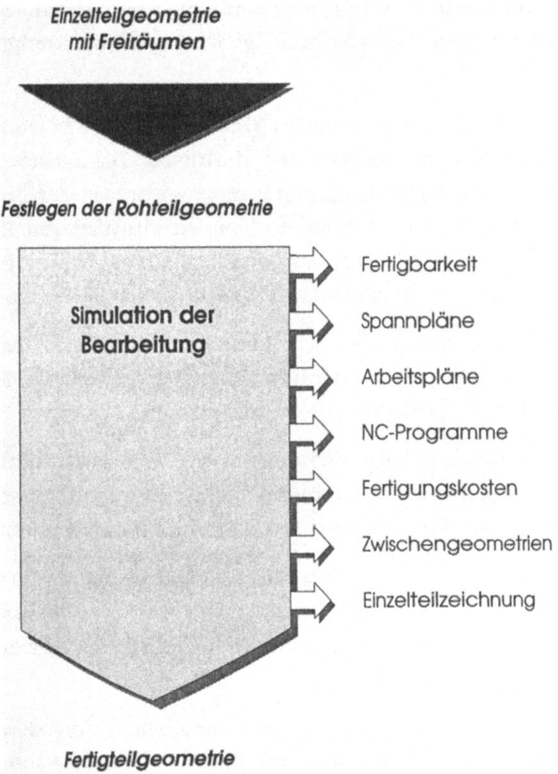

Bild 7-4: Fertigungssimulation mit integrierter Erstellung von Arbeitsunterlagen

Schrittweise werden die erforderlichen Bearbeitungen durchgeführt. Analog zur Montageplanerstellung können Arbeitsplan und NC-Programm abgeleitet werden. Die detaillierte Fertigteilgeometrie ist ein Ergebnis der Simulation des Fertigungsprozesses. Dieses Konzept bietet eine Reihe von Vorteilen:

- Die Herstellbarkeit kann frühzeitig überprüft werden.

- Stellt man in der Simulation nur die tatsächlich vorhandenen Werkzeuge zur Verfügung, so kann erreicht werden, daß nach Möglichkeit nur Geometriemerkmale hergestellt werden, zu denen auch Werkzeuge vorhanden sind. Beispielsweise werden Bohrungsdurchmesser innerhalb der bestehenden Freiräume nach Vorhandensein der benötigten Bohrwerkzeuge festgelegt.

- Bei der schrittweisen Simulation der Bearbeitung steht zu jedem Zeitpunkt die aktuelle Werkstückgeometrie zur Verfügung. Die Zwischengeometrien erleichtern bei der Bearbeitung in mehreren Aufspannungen die Festlegung der jeweiligen Werkstückspannung. Den Arbeitsunterlagen können ohne Zusatzaufwand Spannpläne mit den jeweils aktuellen Werkstückgeometrien beigefügt werden, wodurch sich die Transparenz für die Fertigung erhöht.

- Durch Variation innerhalb der Freiräume kann das Bauteil fertigungstechnisch optimiert werden. Es kann beispielsweise versucht werden, die Zahl der erforderlichen Aufspannungen zu minimieren.

- Fertigungstechnisch bedingte Geometrien wie Werkzeugausläufe oder Verschneidungen von Bohrungen müssen nicht mehr explizit gezeichnet werden sondern fallen als "Abfallprodukte" der Bearbeitungssimulation an.

- Die erzeugten Steuerdaten für die NC-Bearbeitung werden in der Simulation auf Kollisionsfreiheit überprüft. Durch die verbesserte NC-Programmqualität kann eine erhebliche Reduzierung der Rüstzeiten erzielt werden [MILB 90b, SCHR 92].

- Die detaillierte Ablaufplanung unter Einbeziehung der Maschinendaten (Verfahrgeschwindigkeiten, Beschleunigungen etc.) ermöglicht die gleichzeitige Ermittlung von Bearbeitungszeiten und damit auch eine Kalkulation der Fertigungskosten.

- Durch die Integration von bisher getrennten Teilaufgaben verringert sich die Zahl der Schnittstellen wodurch Informations- und Zeitverluste reduziert werden können.

7.4.3 Anforderungen an die Simulation

Um den geschilderten Nutzen erzielen zu können, müssen einige Forderungen an die Simulation gestellt werden:

- Die Nachbildung der Geometrieveränderung bei der Bearbeitung und die Durchführung einer rechnerischen Kollisionsprüfung setzen im allgemeinen Fall die Zugrundelegung eines 3D-Volumenmodells voraus. Zweidimensionale Betrachtungen sind für die Bearbeitungssimulation nur bei einigen Verfahren (z. B. Drehen, Stanzen) geeignet.

- Für die Überprüfung der Kollisionsfreiheit muß die volle Bearbeitungssituation, inklusive der Geometrien von Werkstück, Spannmitteln, Werkzeugen und Arbeitsraum der Maschine berücksichtigt werden.

- Kollisionsprüfung und Bauteilaktualisierung müssen in Echtzeit erfolgen.

Systeme, die diesen Anforderungen genügen, stehen derzeit nicht zur Verfügung. Stand der Technik sind zum einen Simulationsmodule, die in NC-Programmiersysteme eingebettet sind. Diese stellen die Bearbeitung in der Regel in zweidimensionalen Ansichten dar und ermöglichen aufgrund des fehlenden Volumenmodells keine Berechnung der Geometrieveränderung während der Bearbeitung.

CAD-seitig werden Systeme angeboten, die eine dreidimensionale Simulation auf der Basis von Volumenmodellen durchführen. Dabei wird die Bewegung des Werkzeugs am Werkstück simuliert. Keine Berücksichtigung finden die Maschinengeometrie und die Aufspannung.

Aus der Robotersimulation entwickelte 3D-NC-Simulationsmodule stellen wie gefordert die gesamte Fertigungssituation dar und erlauben beispielsweise die Berücksichtigung der Bewegungsgrenzen der eingesetzten Maschine

[SCHR 92]. Auch der Ansatz von Koepfer [KOEP 91], der die Integrationsfähigkeit von Arbeitsplanerstellung und NC-Programmierung nachweist, beruht auf einem solchen Simulationssystem. Unerfüllt bleibt hier die Forderung nach der Simulation des Bearbeitungsfortschrittes. Dennoch kommt die dreidimensionale graphische Simulation den gestellten Anforderungen am nächsten.

7.5 Zusammenfassung

Aus den Veränderungen gegenüber heutigen Vorgehensweisen wurden Anforderungen an etwaige Hilfsmittel abgeleitet. Im organisatorischen Bereich lassen sich diese auf Fragestellungen der Auftragsleittechnik zurückführen.

CAD-seitig ergeben sich einige zusätzliche Anforderungen hinsichtlich der Darstellbarkeit von Freiräumen, die jedoch im wesentlichen mit verfügbaren CAD-Funktionalitäten befriedigt werden können.

Hinsichtlich der integrierten Erstellung von Arbeitsunterlagen bestehen im Montagebereich bereits einsetzbare Werkzeuge. Für die Teilefertigung erscheinen Ansätze der graphischen Simulation vielversprechend, die jedoch um die Möglichkeit der Berechnung und Darstellung der Bauteilaktualisierung (Volumensubtraktion) erweitert werden müßten. Aufgrund der Bedeutung für den Ansatz wird im folgenden die Erweiterung eines NC-Simulationssystems um die entsprechenden Funktionalitäten durchgeführt.

8 Bearbeitungssimulation mit Volumensubtraktion

8.1 Inhalt dieses Kapitels

In diesem Kapitel wird die Konzeption und Implementierung der Volumensubtraktion in die dreidimensionale graphische Bearbeitungssimulation beschrieben.

Zunächst wird auf Möglichkeiten und Datenstruktur der Entwicklungsumgebung eingegangen (Abschnitt 8.2). Anschließend wird das prinzipielle Vorgehen bei der Simulation des Bearbeitungsfortschritts entwickelt (Abschnitt 8.3), welches hauptsächlich auf der Durchführung der Volumensubtraktion basiert.

Abschnitt 8.4 erläutert das implementierte Verfahren. Hierbei werden die besonderen Erfordernisse innerhalb der graphischen Simulation berücksichtigt, die Maßnahmen zur Beschleunigung des Verfahrens (Abschnitt 8.5) und zur Behandlung von Sonderfällen (Abschnitt 8.7) erfordern.

Die implementierten Funktionalitäten werden an einem Beispiel verdeutlicht (Abschnitt 8.8). Im Anschluß wird der erreichte Stand der Simulationstechnik zusammengefaßt und Ansatzpunkte für Weiterentwicklungen aufgezeigt (Abschnitt 8.9).

8.2 Entwicklungsumgebung

8.2.1 Das Simulationssystem AnySIM

Die Entwicklung wurde als Erweiterung des Simulationssystems AnySIM implementiert. Bei AnySIM handelt es sich um ein modular aufgebautes, graphisches 3D-Simulationssystem (Bild 8-1). Teilmodule von AnySIM ermöglichen Anwendungen in den Bereichen Virtual Prototyping, Einbauuntersuchungen, Arbeitsplatzgestaltung, NC-Simulation und Robotersimulation.

Auch die behandelten Arbeiten von [KOEP 91, KUMM 93, SCHU 92] sowie weitere zitierte Simulationsansätze (z. B. [LINN 92, SCHR 92, WRBA 90])

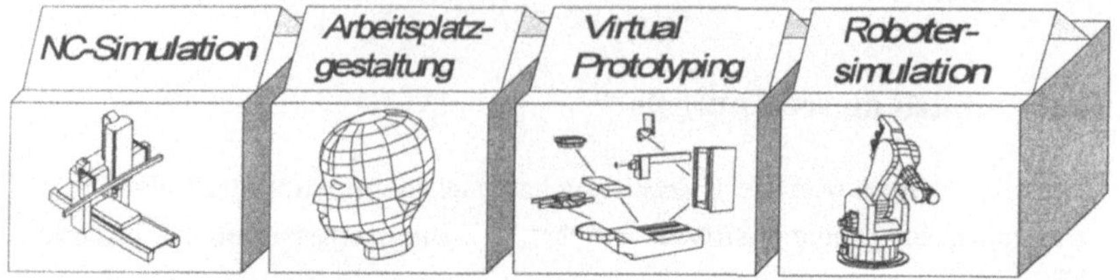

Bild 8-1:   Anwendungsgebiete des Simulationssystems AnySIM

basieren auf der gleichen Simulationsumgebung. Durch eine Erweiterung des Systems kann eine durchgängige Simulationsunterstützung bei der Produktentwicklung erreicht werden, die sowohl funktionale und herstellungstechnische Überprüfungen des Arbeitsergebnisses als auch eine parallele Gestaltung des Produktionssystems und eine integrierte Erstellung von Arbeitsunterlagen ermöglicht.

Das Simulationssystem AnySIM wurde in der Programmiersprache C implementiert und kann auf UNIX-Workstations verschiedener Hersteller betrieben werden. Über standardisierte Schnittstellen (IGES, Stereolithographieformat) können Geometriedaten aus verschiedenen 3D-CAD-Systemen übernommen werden. Das System stellt darüber hinaus einen eigenen Geometrieeditor zur Erzeugung von Volumenmodellen zur Verfügung. Möglichkeiten zur Ausgabe beliebiger Ansichten als Zeichnungen ermöglichen es beispielsweise, Einzelteilzeichnungen oder Spannpläne für die Arbeitsunterlagen zu erzeugen.

Die Vielzahl bereits vorhandener, benötigter Funktionalitäten läßt das System AnySIM als geeignete Basis für Weiterentwicklungen erscheinen.

Die angestrebte Bauteilaktualisierung ist weitgehend als Problemstellung der Geometrieverarbeitung zu sehen. Daher soll im folgenden kurz auf die Geometriedatenstruktur von AnySIM eingegangen werden.

8.2.2 Datenstruktur der Entwicklungsumgebung

Für die dreidimensionale Objektbeschreibung existieren verschiedene Repräsentationsmethoden. Diese unterscheiden sich unter anderem im Speicherbedarf und im Durchführungs- und Rechenaufwand für Kollisionstests, Mengenoperationen und für die graphische Darstellung von Objekttransformationen. Für einen systematischen Überblick über die bekannten Beschreibungsmethoden sei auf [LIM 92, SCHM 88, SCHR 92, SPUR 84] verwiesen.

Darstellungen, die einen Körper als Ansammlung einzelner Raumzellen interpretieren (z. B. Oktantendarstellung, Zellenzerlegung [LIM 92]), ermöglichen eine einfache Berechnung von Mengenoperationen. Der hohe Speicherbedarf und Aufwand für die Transformation von Objekten machen diese Geometriemodelle jedoch ungeeignet für die Bewegungssimulation. Systeme, die nur ein (unbewegtes) Werkstück und ein relativ dazu bewegtes Werkzeug darstellen, verwenden diese Variante der Geometriebeschreibung, da sich hier die Nachteile weniger stark auswirken, als bei der Simulation komplexerer Szenarien (z. B. Arbeitsraum mit bewegtem Werkstückträger und Werkstück).

In AnySIM werden räumliche Objekte durch ihre Begrenzungselemente (Flächen, Linien, Punkte) definiert (Randdarstellung oder Boundary Representation [LIM 92]). Flächen werden ausschließlich über ebene Polygone beschrieben, gekrümmte Flächen entsprechend approximiert. Bild 8-2 zeigt an einem Beispiel die Geometriedatenstruktur von AnySIM [SCHR 92, WRBA 90]:

Auf der untersten Ebene sind die Koordinaten aller Punkte des Körpers abgelegt. Die Linienliste enthält für alle Körperkanten jeweils die Indizes von Anfangs- und Endpunkt. Die Linienzeigerliste enthält für alle Facetten die Linienindizes der Umrandung in Umlaufreihenfolge. Die Flächenliste gibt für jeden Flächenindex den Startindex (Index der ersten zur Fläche gehörenden Kante), sowie die Zahl der die Flächenumrandung bildenden Kanten an. Bei gelochten Flächen (Konturen, die mindestens eine weitere Kontur einschließen) werden die Außenkontur und alle eingeschlossenen Lochkonturen hintereinander in Flächen- und Linienzeigerliste eingetragen. Eine Kodierung der Zusammengehörigkeit der Konturen erfolgt über den Typeintrag in der Flächenliste.

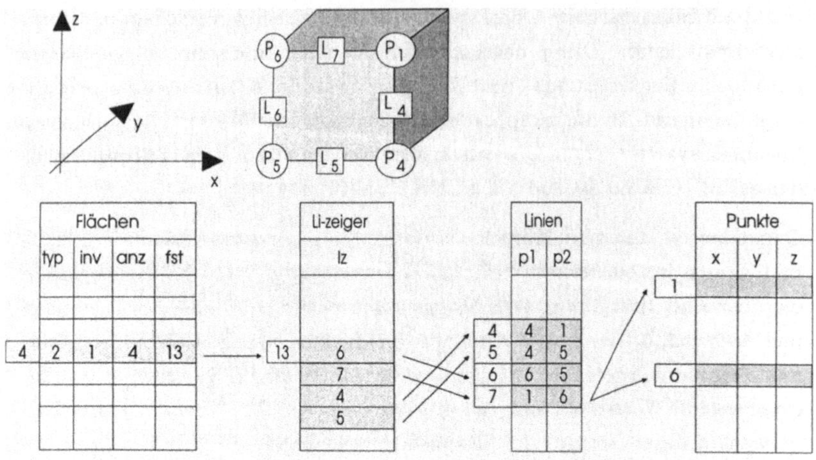

Bild 8-2:   *Geometriedatenstruktur der Entwicklungsumgebung [SCHR 92]*

Zusätzlich ist für jede Fläche die Flächennormale in einer Normalenliste gespeichert. Die Normalen zeigen jeweils ins Körperinnere und beinhalten damit
die Volumeninformation.

Mit dieser hierarchisch strukturierten Datenspeicherung wird erreicht, daß jeder Punkt und jede Linie trotz ihrer Zugehörigkeit zu mehreren Flächen jeweils
nur einmal in der Datenstruktur vorhanden sind.

Die Objektbeschreibung als Volumenmodell ermöglicht eine mathematische
Behandlung der Bauteilveränderung bei der Zerspanung. Im folgenden soll zunächst auf das Grundkonzept der Zerspanungssimulation eingegangen werden.

8.3 Grundkonzeption der Simulation der Zerspanung

Für die Simulation der Bauteilveränderung bei der spanenden Bearbeitung auf der Basis von Volumenmodellen existieren prinzipiell zwei Realisierungsmöglichkeiten (Bild 8-3):

- Der Werkzeugweg wird in inkrementelle Teilschritte zerlegt. Nach jedem Teilschritt wird das Werkzeug von der aktuellen Werkstückgeometrie subtrahiert.

- Für eine bestimmte Werkzeugbewegung (z. B. die einem NC-Satz entsprechende Verfahrbewegung) wird die Volumenspur gebildet und anschließend vom Werkstück subtrahiert. Unter der Volumenspur wird dabei das bei der Bewegung überstrichene Hüllvolumen des Werkzeugs verstanden.

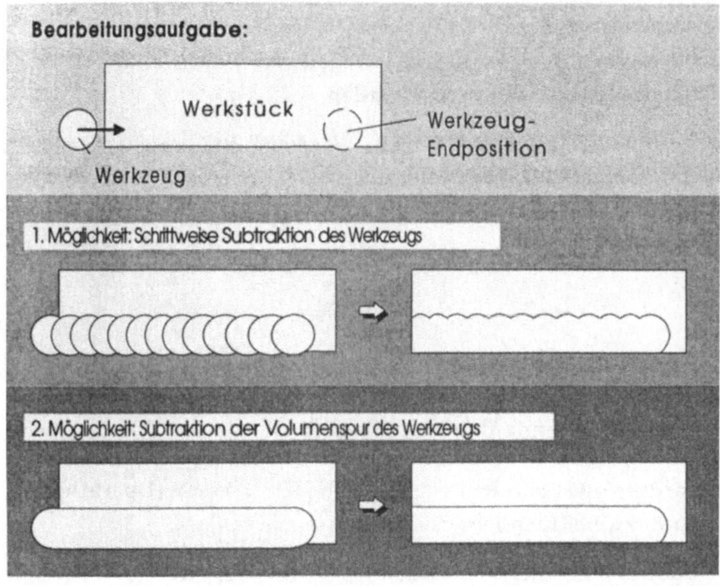

Bild 8-3:   Möglichkeiten der Simulation des Bearbeitungsfortschritts

Die zweite Alternative ist mit einem erheblich geringeren Rechenaufwand verbunden, da die Subtraktion weniger häufig berechnet werden muß. Außerdem
wird gegenüber der inkrementellen Rechnung eine realistischere Berabeitungsgeometrie ermittelt. Dies kann am Beispiel des Umfangfräsens veranschaulicht
werden (Bild 8-3): Wird das zylindrische Werkzeug bei einer linearen Verfahrbewegung mehrfach vom Werkstück abgezogen, so entsteht aufgrund der Zylinderkrümmung eine "gewellte" Oberfläche, wogegen der zugehörige Spurkörper zu einer ebenen, bearbeiteten Fläche führt.

Auch für Kollisionsbetrachtungen erscheint die Aktualisierung der Werkstückgestalt nach jedem NC-Satz ausreichend.

Bei der Realisierung wurde daher der Ansatz der Arbeitsweise mit Volumenspuren verfolgt. Bei der Bearbeitungssimulation muß also bei jedem Bearbeitungsschritt zunächst eine Volumenspur erzeugt werden, welche dann vom
Werkstück subtrahiert wird. Der Aufbau von Volumenspuren von Polyedern
wird beispielsweise in [LIM 92] für lineare Trajektorien beschrieben. Nichtlineare Bewegungen (z. B. Kreis- und Parabelinterpolationen) müssen durch lineare Teilbewegungen approximiert werden.

Die dazu notwendigen Schritte können als Stand der Technik vorausgesetzt
werden. Im folgenden soll daher der Schwerpunkt der Betrachtungen auf die
Berechnung des Differenzkörpers von Werkstück und Volumenspur des Werkzeuges gelegt werden.

8.4   Volumensubtraktion

8.4.1   Grundlegende Betrachtungen

Es werden drei mengentheoretische Operationen (Boolsche Operationen) zur
Manipulation zweier Körper unterschieden:

- Subtraktion $K3 = K1 - K2;$ $K4 = K2 - K1$

- Addition $K5 = K1 + K2 =$ $K2 + K1$

- Intersektion $K6 = K1 \circ K2 =$ $K2 \circ K1$

Addition und Intersektion sind kommutative Abbildungen, das heißt die Reihenfolge der verknüpften Körper ist beliebig, wogegen bei der Subtraktion die Reihenfolge der Verknüpfung für das Ergebnis entscheidend ist.

Bild 8-4 zeigt die enge Verwandtschaft der drei Verfahren. Die Ergebnisse aller möglichen Verknüpfungen zweier in Randdarstellung vorgegebener Körper lassen sich aus vier Teilkörpern (Berandungen) zusammensetzen:

- Teilkörper von Körper 1, der außerhalb von Körper 2 liegt

- Teilkörper von Körper 1, der innerhalb von Körper 2 liegt

- Teilkörper von Körper 2, der außerhalb von Körper 1 liegt

- Teilkörper von Körper 2, der innerhalb von Körper 1 liegt

Die Subtraktion zweier Körper K1 und K2 (K1 - K2) läßt sich somit auf das Problem überführen, den Teilkörper von K1, der außerhalb von K2 liegt (im folgenden als **Außenteil** von K1 bezeichnet), und den Teilkörper von K2, der innerhalb von K1 liegt (im folgenden als **Innenteil** von K2 bezeichnet), zu ermitteln und beide Teilkörper zu dem Ergebniskörper zusammenzufassen. Bei einem entsprechend modularen Programmaufbau können alle drei Varianten Boolscher Operationen mit den gleichen Algorithmen behandelt werden.

Als weitere Begriffe werden für K1 die Bezeichnung **Hauptkörper**, für K2 **Nebenkörper** eingeführt. Bei der Betrachtung eines Körpers (Haupt- oder Nebenkörper) wird der jeweils andere Körper (Neben- oder Hauptkörper) als **Gegenkörper** bezeichnet.

Bei dem vorgesehenen Einsatzfall sind zusätzliche Anforderungen an das einzusetzende Verfahren zu stellen, die im nächsten Kapitel diskutiert werden.

8.4.2 Spezielle Anforderungen für die Bearbeitungssimulation

Für die Verwendung innerhalb der graphischen Simulation sind im Hinblick auf die geforderten Antwortzeiten und die Behandlung von Sonderfällen besondere Anforderungen zu erfüllen:

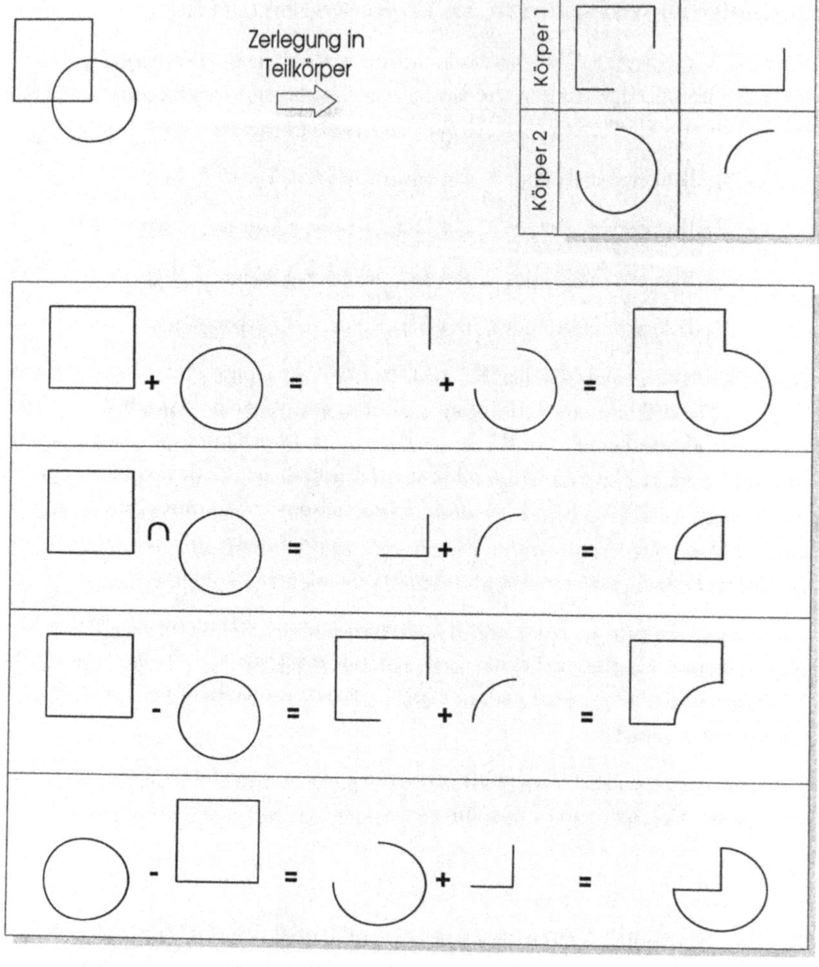

Bild 8-4:   *Grundprinzip der Boolschen Operationen*

Bei der Entwicklungsumgebung handelt es sich um ein Echtzeitsimulationssystem; die Vorgänge laufen in der Simulation etwa in der gleichen Geschwindigkeit wie in der Realität ab. Um ein sinnvolles interaktives Arbeiten zu ermöglichen, darf die Simulation durch die kontinuierliche Neuberechnung der Werkstückgeometrie nicht wesentlich verlangsamt werden. Es ist daher bei der Realisierung eine Minimierung der benötigten Rechenzeit anzustreben.

Mengenoperationen in 3D-CAD-Systemen liefern häufig fehlerhafte Ergebnisse, wenn die betrachteten Körper Grenzlagen einnehmen. Grenzlagen können beispielsweise der Schnitt zweier Linien oder die Koplanarität zweier Flächen von Haupt- und Nebenkörper sein. Solche Grenzlagen sind jedoch bei der Bearbeitungssimulation der Regelfall. Als Beispiele hierfür seien das zeilenweise Abfräsen einer ebenen Fläche (Bild 8-5) oder das reversierende Bohren genannt. In beiden Fällen überlappen sich die Volumenspur des Werkzeugs und die Werkstückgeometrie koplanar. Die auftretenden Sonderfälle müssen korrekt berechnet werden. Eventuelle Inkonsistenzen im Geometriemodell des Werkstücks dürfen nicht entstehen, da das Werkstück für weitere Berechnungen benötigt wird.

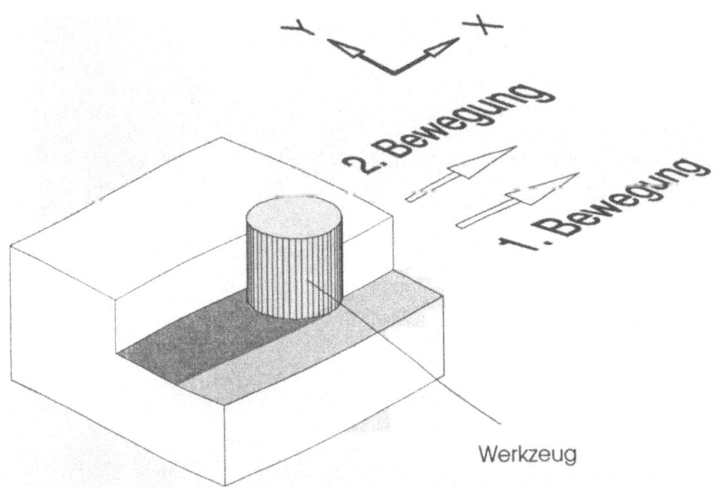

Bild 8-5:   Sonderfälle bei der Bearbeitungssimulation

Im folgenden soll näher auf das entwickelte Verfahren zur Subtraktion zweier Körper eingegangen werden.

8.4.3   Verfahren zur Volumensubtraktion

8.4.3.1   Grundkonzept

Wie in Kapitel 8.4.1 bereits diskutiert, müssen die beteiligten Körper jeweils in Innen- und Außenteil aufgeteilt werden. Der Ergebniskörper ergibt sich durch die Zusammenfassung des Außenteils des Haupt- und des Innenteils des Nebenkörpers. Dabei ist zu beachten, daß die Normalen der Flächen, die dem Nebenkörper entstammen, ihre Orientierung wechseln, da die Normalenrichtung per Definition nach innen zeigen muß (Bild 8-6).

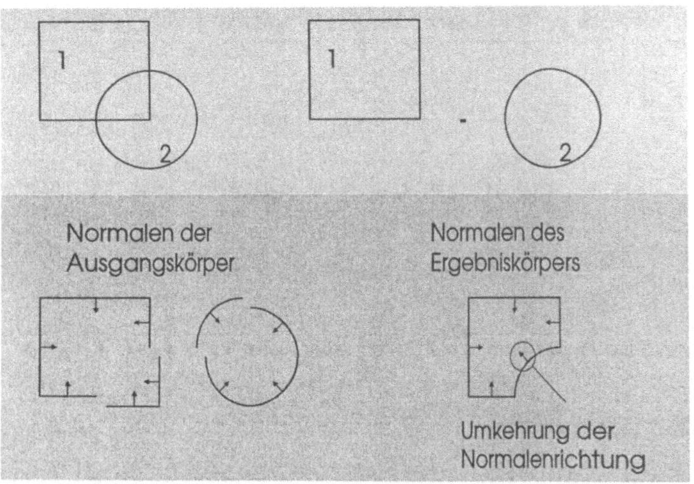

Bild 8-6:   Umkehr der Normalenrichtung des Nebenkörper-Innenteils

Bei der Aufteilung eines Körpers in einen Innen- und einen Außenteil wird jede Fläche einzeln betrachtet. Für jede Fläche bestehen drei Möglichkeiten hinsichtlich ihrer Lage zum Gegenkörper:

- Die Fläche liegt ganz innerhalb des Gegenkörpers.

- Die Fläche liegt ganz außerhalb des Gegenkörpers.

- Die Fläche schneidet den Gegenkörper.

In den ersten beiden Fällen kann die betrachtete Fläche eindeutig dem Innen- oder Außenteil zugeordnet werden. Im Falle eines Schnittes zerteilt die Begrenzung des Gegenkörpers die Fläche in zwei oder mehrere Teilflächen, die jeweils ganz innerhalb oder außerhalb des Gegenkörpers liegen.

Die Aufteilung dieser Schnittflächen ist Gegenstand des nächsten Kapitels.

8.4.3.2   Aufteilung der Schnittflächen

Zur Unterteilung einer Fläche in einen innerhalb und einen außerhalb des Gegenkörpers liegenden Teil wird analog zur Aufteilung des gesamten Körpers vorgegangen. Statt der Flächen stehen hier jedoch die Linien im Vordergrund:

Es wird jede Linie der geschnittenen Fläche betrachtet. Es werden wiederum drei mögliche Lagen unterschieden:

- Die Linie liegt ganz innerhalb des Gegenkörpers.

- Die Linie liegt ganz außerhalb des Gegenkörpers.

- Die Linie schneidet den Gegenkörper.

Die ersten beiden Fälle erlauben eine eindeutige Zuordnung, im dritten Fall wird die Linie in vollständig innerhalb beziehungsweise außerhalb liegende Teillinien zerteilt. Im allgemeinen Fall schneidet eine Linie mehrere Flächen des Gegenkörpers. Zur Aufteilung der Linie wird wie folgt vorgegangen:

Zunächst werden alle Schnitte der Linie mit den Gegenkörperflächen ermittelt und die Schnittpunkte entlang der Linie geordnet. Dann wird die Lage des Anfangspunktes zum Gegenkörper ermittelt. Um die außen liegenden Linienstücke zu ermitteln, werden die vorhandenen Punkte auf der Linie paarweise zusammengefaßt, wobei Anfangs- und Endpunkt gleichberechtigt mit den Schnittpunkten behandelt werden. Liegt der Anfangspunkt außerhalb des Gegenkörpers, so entstehen die außenliegenden Linien aus den Strecken $\overline{P1P2}$, $\overline{P3P4}$, $\overline{P5P6}$ usw., die im Gegenkörper liegenden Linien aus den Strecken $\overline{P2P3}$, $\overline{P4P5}$ usw.. Liegt der Anfangspunkt im Gegenkörper, so liegen umgekehrte Verhältnisse vor (Außenlinien: $\overline{P2P3}$, $\overline{P4P5}$ etc.).

Bild 8-7 veranschaulicht diesen Zusammenhang am Beispiel einer Hauptkörperlinie. An jedem Schnittpunkt wechselt die Lage von auf der Linie liegenden Punkten zwischen innerhalb und außerhalb des Nebenkörpers. Das beschriebene Verfahren zur Aufteilung von geschnittenen Linien wird im folgenden als **Paarauswahl** bezeichnet.

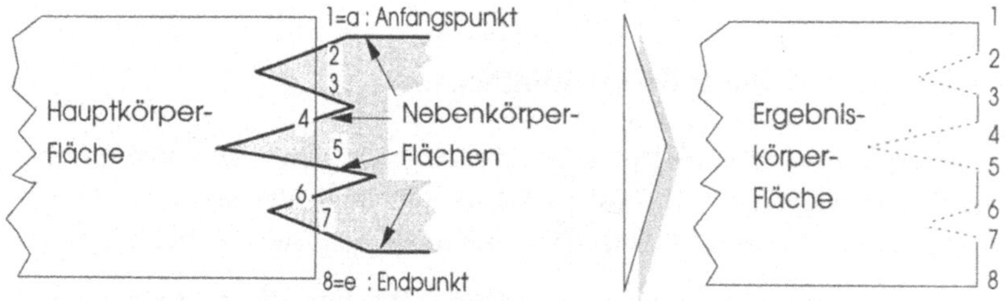

Bild 8-7:   *Prinzip der Paarauswahl zur Aufteilung geschnittener Linien*

Wie in **Bild 8-8** am Beispiel einer **Hauptkörperfläche** dargestellt, können aus den vorhandenen Linien der Flächenberandung und den aus der Paarauswahl resultierenden Linienstücken noch keine geschlossenen Flächen gebildet werden. Es fehlen noch die Linien, die die ursprüngliche Fläche in Teilflächen auftrennen. Diese ergeben sich als Schnittlinien der betrachteten Fläche mit den geschnittenen Flächen des Nebenkörpers. Für die verwendeten Berechnungsverfahren zum Schnitt **Linie-Fläche** und **Fläche-Fläche** sei auf [BRON 76, SCHR 92] verwiesen.

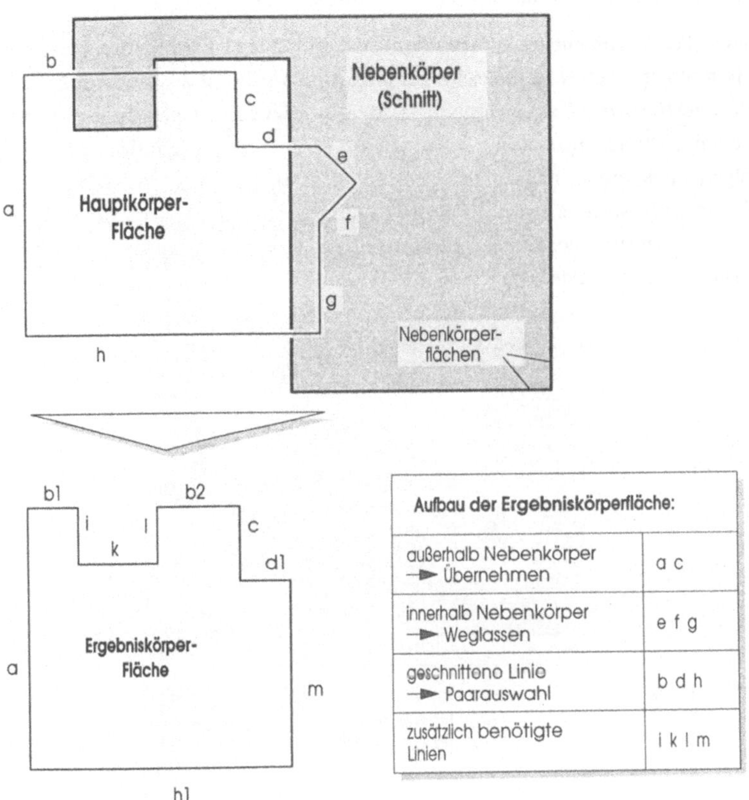

Bild 8-8:   Aufbau geschnittener Flächen

Nach der Berechnung aller Linien einer Teilfläche **kann** diese zusammengesetzt werden. Die Linien liegen zu diesem Zeitpunkt ungeordnet vor. Um geschlossene Konturen zu bilden, wird mit einer beliebigen Linie begonnen und die restlichen Linien nach einer angrenzenden Linie durchsucht, die entweder den Anfangs- oder den Endpunkt mit der betrachteten Linie gemeinsam hat. Schrittweise wird so Linie für Linie an die Kontur angehängt, bis diese geschlossen ist. Sind noch weitere Linien vorhanden, so können weitere Konturen erzeugt werden, bis alle Linien "verbraucht" sind.

Mehrere **Konturen** entstehen dann, wenn die betrachtete Fläche vom Gegenkörper in mehrere getrennte Bereiche zerschnitten wird oder aus dem Schnitt ein Loch innerhalb der Fläche entsteht. Bild 8-9 zeigt ein komplexes Beispiel für aus einer Fläche entstandene Teilkonturen. Um diese in den Ergebniskörper einfügen zu können, müssen diese zunächst strukturiert werden, das heißt, es muß ermittelt werden, welche Polygone Umrandungen und welche Polygone Löcher innerhalb einer Umrandung darstellen. Jedem Loch muß eindeutig eine Umrandung zugeordnet sein.

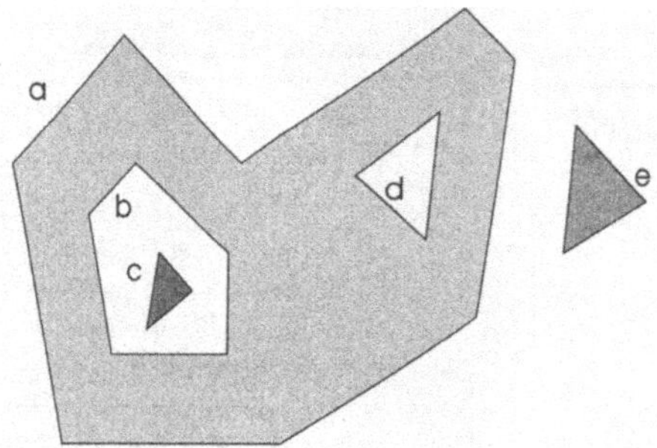

Kontur		Ebene n = Zahl der die Kontur umrandenden Konturen	Konturtyp
a	e	0	Umrandung
b	d	1	Loch
c		2	Umrandung

Bild 8-9:   *Hierarchische Struktur der entstandenen Teilkonturen*

Im dargestellten Beispiel muß erkannt werden, daß die mit "b" und "d" bezeichneten Konturen Löcher innerhalb der Umrandung "a" bilden; die Polygone "c" und "e" beranden wiederum eigene Facetten. Für die Identifikation einer Kontur als Umrandung oder Loch kann die Schachtelungstiefe herangezogen werden: Die äußerste Kontur stellt immer die Berandung einer Fläche dar (a,e), die von innerhalb liegenden Konturen gelocht werden kann (b,d). In einem Loch befindliche Konturen sind wiederum Randkurven weiterer Flächen. Numerisches Entscheidungskriterium für die Zuordnung einer Fläche ist die Zahl n der umrandenden Flächen. Ist n geradzahlig (0,2,..), so liegt eine Randkurve vor, ist n ungeradzahlig (1,3,..) so liegt ein Loch vor.

Für die Strukturierung wird daher folgendermaßen vorgegangen: Für jede gefundene Teilkontur wird in einer Schleife über alle weiteren Teilkonturen ermittelt, welche Teilkonturen innerhalb der betrachteten Kontur liegen. Dabei wird für jede Fläche zum einen gezählt, wie oft diese eingeschlossen wurde, und zum anderen gespeichert, welche Konturen innerhalb dieser liegen.

Nach diesen vorbereitenden Berechnungen werden die entstandenen Flächen dem Ergebniskörper hinzugefügt. Dabei wird mit der Hierarchieebene n = 0 (nicht umschlossene Konturen) begonnen. Jede Kontur wird mit ihren Lochkonturen zusammengefaßt. Diese müssen jeweils zwei Bedingungen genügen:

- Die Kontur liegt innerhalb der Umrandung.

- Die Kontur liegt auf der Hierarchieebene n = 1. (Das bedeutet: Die Kontur wird von keiner weiteren Kontur eingeschlossen.)

Nach Abarbeitung aller Konturen mit n = 0 werden analog die Ebenen mit n = 2 betrachtet. Dies wird so lange fortgesetzt, bis alle entstandenen Konturen behandelt sind.

Für den geschilderten Algorithmus muß jeweils untersucht werden, ob eine Kontur innerhalb oder außerhalb einer vorgegeben Kontur liegt. Für diese Entscheidung ist bei sich nicht überkreuzenden Konturen die Betrachtung eines Punktes ausreichend. Die Bestimmung der Lage eines Punktes relativ zu einem geschlossenen Linienzug, der mit dem Punkt in einer Ebene liegt, kann in einer zweidimensionalen Betrachtung erfolgen:

Hierzu werden vom untersuchten Punkt P Verbindungslinien zu allen Punkten Q_i der Berandung erzeugt und die Winkel α_i zwischen je zwei aufeinanderfolgenden Vektoren $\vec{PQ_i}$ und $\vec{PQ_{i+1}}$ bei einem Umlauf addiert (Bild 8-10).

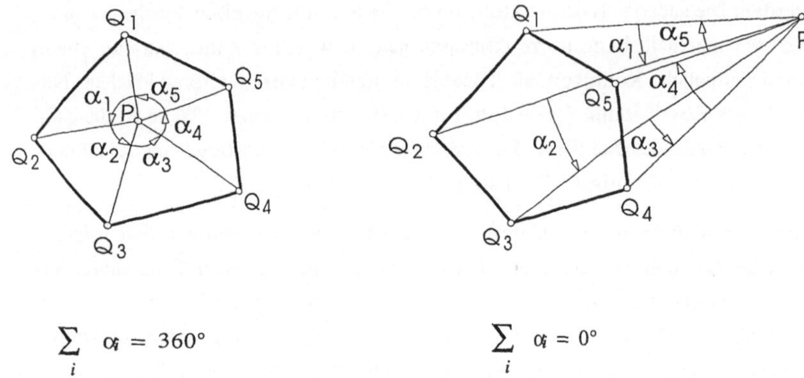

$$\sum_i \alpha_i = 360° \qquad\qquad\qquad \sum_i \alpha_i = 0°$$

Bild 8-10:   *Winkelsummen bei innerhalb und außerhalb eines Polygons liegenden Punkten*

Liegt der Punkt innerhalb, so ergibt sich die Winkelsumme zu

$$\sum_i \alpha_i = 360° \, , \tag{8.1}$$

liegt der Punkt außerhalb zu

$$\sum_i \alpha_i = 0° \, . \tag{8.2}$$

Der Zusammenhang kann aus der Überlegung abgeleitet werden, daß ein innerhalb befindlicher Punkt bei Abschreiten des Polygons genau einmal umrundet wird.

8.4.3.3   Beurteilung von Punktlagen

Wesentlicher Bestandteil des Verfahrens zur Volumensubtraktion ist die Entscheidung, ob eine bestimmte Geometrie (Punkt, Linie oder Fläche) innerhalb oder außerhalb des Gegenkörpers liegt. Diese Information wird benötigt:

- zur Zuordnung der nicht geschnittenen Flächen zum Innen- oder Außenteil eines Körpers,

- zur Zuordnung nicht am Schnitt beteiligter Linien einer geschnittenen Fläche zum Innen- oder Außenteil der Fläche, sowie

- zur Feststellung der Lage des Anfangspunktes einer Linie bei der Paarauswahl.

Alle drei Problemstellungen lassen sich auf die Bestimmung der Lage eines Punktes zurückführen, da bei nicht geschnittenen Flächen oder Linien alle Punkte die gleiche Lage (innerhalb/außerhalb) zum Gegenkörper einnehmen.

Eine mögliche Lösung besteht in der Anwendung der in Kapitel 8.4.3.2 beschriebenen Winkelsummenbedingung, indem eine beliebige, durch den Punkt gehende Ebene betrachtet wird. Der Punkt liegt genau dann innerhalb des Körpers, wenn er in der Schnittfläche des Körpers mit der Ebene liegt. Für die Berechnung der Schnittlinien aller Körperfacetten mit der Hilfsebene ist ein hoher Rechenaufwand erforderlich.

Eine geringere Rechenzeit erfordert folgendes Verfahren (Bild 8-11): Es wird eine in dem untersuchten Punkt beginnende Halbgerade beliebiger Orientierung betrachtet. Diese wird mit allen Facetten des Körpers geschnitten. Die Zahl der aufgetretenen Schnitte ermöglicht eine Aussage über die Punktlage:

- Der Punkt liegt außerhalb, wenn eine gerade Anzahl (0,2,4,..) von Schnitten auftritt.

- Der Punkt liegt innerhalb, wenn eine ungerade Anzahl (1,3,5,...) von Schnitten auftritt.

Das Verfahren basiert auf dem gleichen Grundgedanken wie die beschriebene Paarauswahl. Die Halbgerade kann als eine Verbindung mit einem im Unendlichen liegenden Punkt interpretiert werden. Dieser imaginäre Punkt liegt außer-

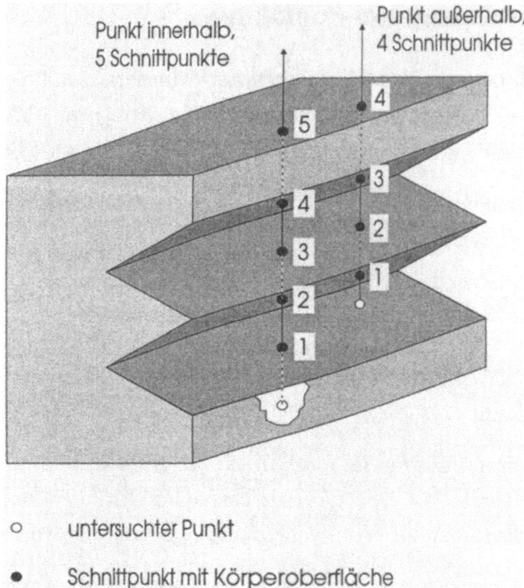

Bild 8-11:   ***Bestimmung der relativen Lage Punkt - Körper***

halb des **Körpers**. An jedem **Schnittpunkt** zwischen Anfangs- und **Endpunkt**
der Linie wechselt der Status der auf der Linie liegenden Punkte zwischen innerhalb und außerhalb des Körpers. Bewegt man sich auf der Halbgeraden aus
dem Unendlichen auf den untersuchten **Punkt** zu, so befindet man sich nach
dem ersten **Durchstoß** durch die Oberfläche innerhalb des **Körpers, nach dem**
zweiten außerhalb usw..

Bei günstiger **Wahl** der Halbgeraden **kann** der Rechenaufwand verringert werden. Legt **man** **die** **Testgerade** zum **Beispiel** in positiver z-Richtung, so kann
mit einem einfachen **Grobtest** festgestellt werden, ob ein Schnitt vorliegen
kann. Hierzu wird durch Nullsetzen der z-Koordinaten aller Randpunkte einer
Fläche diese in die xy-Ebene projiziert. Nur wenn die projizierte Randkurve
den Ursprung des Koordinatensystems einschließt, ist ein Schnitt möglich.
Auch Flächen, deren Randkurven ausschließlich kleinere z-Koordinaten als der

untersuchte Punkt haben, können keinen Schnittpunkt mit der Halbgeraden aufweisen, da sie unter dem Punkt liegen.

Durch die Grobtests kann in der Regel ein Großteil der Körperflächen ausgeschlossen werden, wodurch sich der Rechenaufwand erheblich reduziert.

8.5   Maßnahmen zur Reduzierung des Rechenaufwandes

Bei dem beschriebenen Verfahren muß jede Facette des Hauptkörpers mit allen Facetten des Gegenkörpers geschnitten werden. Die Zahl der erforderlichen Flächenschnitte ergibt sich somit als das Produkt der Facettenzahlen beider Körper. Für jeden Flächenschnitt müssen jeweils alle Linien der einen Fläche mit der Gegenfläche geschnitten werden. Dabei müssen jeweils rechenaufwendige Koordinatentransformationen durchgeführt werden.

Um einen interaktiven Einsatz des Programms zu ermöglichen, müssen daher weitere Maßnahmen zur Reduzierung des Rechenaufwands getroffen werden. Diese beziehen sich zum einen auf die Einführung geeigneter Datenstrukturen und zum anderen auf die Durchführung systematischer Grobtests zum Ausschluß möglichst vieler Flächen der beteiligten Körper.

8.5.1   Grobtests

Rechenintensiv sind vor allem die Berechnung von Flächenschnitten und die Bestimmung von Punktlagen. Um den Rechenaufwand zu minimieren, können Grobtests zum Ausschluß nicht in Frage kommender Flächen durchgeführt werden. Diese Grobtests basieren auf vereinfachten Objektbeschreibungen, die auch bei Algorithmen der Kollisionsrechnung eingesetzt werden [SCHR 92, WRBA 90].

Dabei werden die untersuchten Objekte durch achsparallele Hüllquader umschrieben (Bild 8-12). Zur Ermittlung der Eckpunkte dieser sog. **Bounding-**

Boxen werden alle Punktkoordinaten des Objektes nach den Minima und Maxima in den drei Koordinatenrichtungen abgesucht.

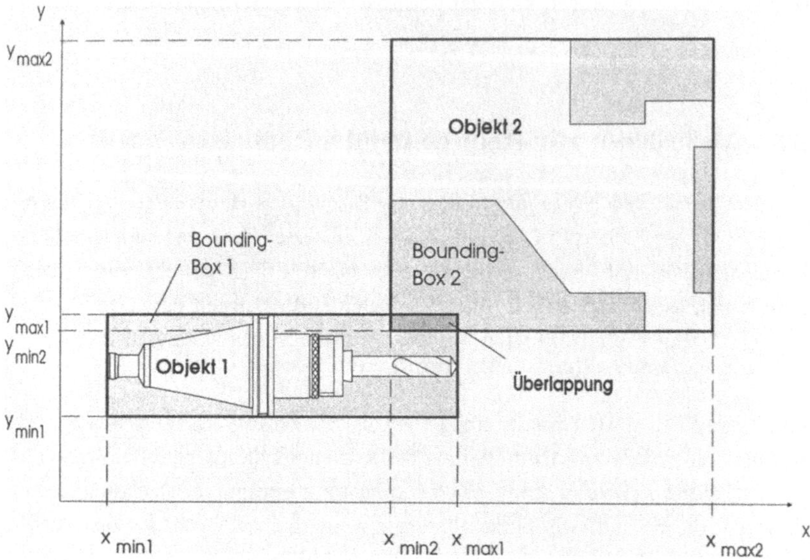

Bild 8-12:   Kollisionstest auf der Basis von Bounding-Boxen

Ein Schnitt zweier Körper kann nur dann vorliegen, wenn sich die zugehörigen Bounding-Boxen überlappen. Aufgrund der achsparallelen Ausrichtung der Quader kann diese Überprüfung mit sechs Vergleichen ermittelt werden. Dafür werden die maximalen Ausdehnungen der Bounding-Boxen in den drei Raumrichtungen betrachtet.

Eine Überschneidung liegt genau dann vor, wenn gilt:

$$x_{min1} \leq x_{max2} \quad \wedge \quad y_{min1} \leq y_{max2} \quad \wedge \quad z_{min1} \leq z_{max2} \quad \wedge$$

$$x_{max1} \geq x_{min2} \quad \wedge \quad y_{max1} \geq y_{min2} \quad \wedge \quad z_{max1} \geq z_{min2} \tag{8.3}$$

Durch Vergleich der Ausdehnung der zugehörigen Bounding-Boxen wird festgestellt, ob ein Schnitt zweier Objekte überhaupt möglich ist. Dieses Verfahren ist nicht auf die Objektebene beschränkt, sondern findet auch auf Flächen- und Linienebene Anwendung. Es ergibt sich der in Bild 8-13 dargestellte hierarchisch gegliederte Ablauf:

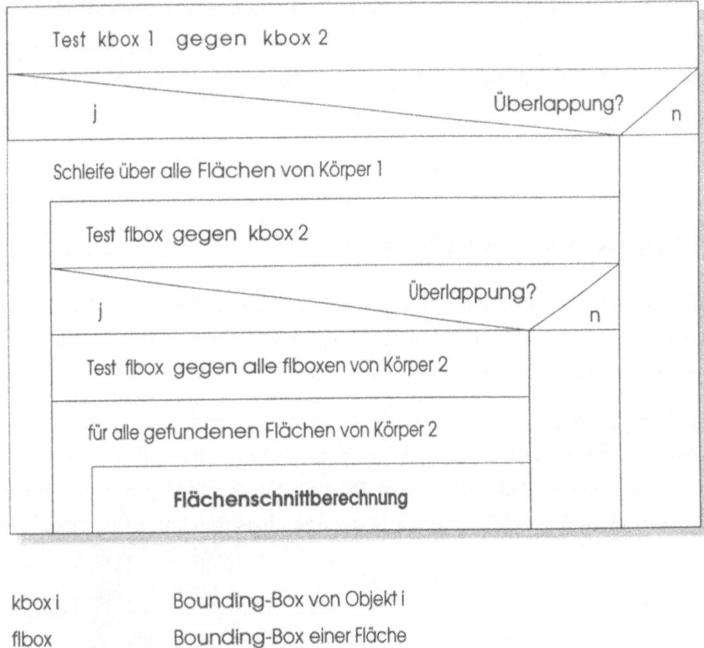

Bild 8-13:   Hierarchische Gliederung der Bounding-Box-Tests

Zunächst werden die Bounding-Boxen von Haupt- und Nebenkörper untersucht. Liegt keine Überlappung vor, kann die Berechnung abgebrochen werden. Im nächsten Schritt werden die Flächen des Hauptkörpers betrachtet. Zunächst findet jeweils ein Test zwischen Flächenbox und Gegenkörperbox statt.

Bei Überlappung wird die Bounding-Box der betrachteten Fläche gegen alle Flächen-Bounding-Boxen des Gegenkörpers getestet. Nur für die verbleibenden Flächenpaarungen muß die aufwendige Berechnung des Facettenschnitts durchgeführt werden. Bei der Berechnung des Facettenschnitts werden jeweils allen Randlinien einer Facette mit der zweiten Facette zum Schnitt gebracht. Ein Bounding-Box-Test Linie gegen Fläche reduziert wiederum die erforderliche Rechenzeit.

Die hierarchisch aufgebauten Filtermechanismen zur Ausscheidung nicht geschnittener Flächen führen zu einer deutlichen Beschleunigung des Programmablaufs. Weitere Zeitvorteile können durch die Verwendung geeigneter Datenstrukturen erzielt werden.

8.5.2   Spezielle Datenstrukturen

In der Geometriedatenstruktur der Entwicklungsumgebung ist jede Linie und jeder Punkt nur jeweils einmal vorhanden. Jede Linie gehört zu zwei, jeder Punkt zu mindestens drei angrenzenden Facetten.

Bei dem beschriebenen Verfahren zur Volumensubtraktion werden alle Körperflächen einzeln untersucht. Dabei werden für benachbarte Flächen teilweise gleiche Informationen benötigt, zum Beispiel über die Schnittpunkte einer Randlinie mit dem Gegenkörper oder die Lage eines Randpunktes zum Gegenkörper.

Prinzipiell existieren zwei mögliche Vorgehensweisen: Einerseits können bei jeder Fläche alle benötigten Daten neu berechnet werden. Die einheitliche Vorgehensweise führt zu einer Vereinfachung des Programmcodes, da alle Flächen einheitlich behandelt werden. Allerdings führt die mehrfache redundante Betrachtung von Linien und Punkten zu einer Erhöhung des erforderlichen Rechenaufwandes und damit zu einer Verlangsamung des Programmablaufes. Alternativ besteht die Möglichkeit, mehrfach verwendete Größen wie Flächenschnittlinien, Schnittpunkte etc. nach der Berechnung zwischenzuspeichern, um sie später bei Bedarf abrufen zu können.

Da der Zugriff auf eine abgespeicherte Variable erheblich weniger Rechenzeit
in Anspruch nimmt als deren erneute Berechnung erscheint die Abspeicherung
von Zwischenergebnissen in geeigneten Datenstrukturen sinnvoll.

Im einzelnen werden für die geometrischen Grundelemente des Körpers jeweils folgende Informationen gespeichert:

- Punkt

    * Punktlage (innerhalb/außerhalb/auf Gegenkörper)

- Linie

    * Bounding Box

    * Linienlage (innerhalb/außerhalb/Schnitt mit Gegenkörper)

    * bei Schnitt mit dem Gegenkörper:
      Schnittpunkte mit Gegenkörperflächen

- Fläche

    * Bounding Box

    * Flächenlage (innerhalb/außerhalb/Schnitt mit Gegenkörper)

    * bei Schnitt mit dem Gegenkörper:
      Schnittlinien mit Gegenkörperflächen

- Körper

    * Bounding Box

Bei Berechnungen, zum Beispiel des Schnittpunktes einer Linie mit einer Fläche, wird zunächst überprüft, ob der Test nicht bereits bei der Behandlung einer anderen Facette durchgeführt wurde. Nur wenn dies nicht der Fall ist, werden die entsprechenden Algorithmen angestoßen.

Die zu jedem geometrischen Element gespeicherten Informationen können entweder in entsprechenden Datenfeldern (arrays) oder als verzeigerte Strukturen
gespeichert werden.

Die Menge der jeweils gespeicherten Informationen kann stark variieren: Beispielsweise muß nur bei geschnittenen Facetten die Lage der einzelnen Linien

gespeichert werden, um eine Aufteilung in Innen- und Außenteil zu ermöglichen. Nicht geschnittene Facetten werden entweder unverändert dem Ergebniskörper zugezählt oder weggelassen. Die Zahl der Schnittpunkte einer Linie
kann zwischen 0 und größeren Zahlen variieren.

Datenfelder können im Programmablauf nicht in ihrer Länge verändert werden.
Es muß daher bei Beginn der Berechnung ein Maximalspeicherbedarf für alle
Punkte, Linien und Flächen reserviert werden, der in der Regel nur zu einem
kleinen Bruchteil benötigt wird. Da sich ein überhöhter Speicherbedarf ebenfalls negativ auf die Rechenzeit auswirken kann, werden verzeigerte Strukturen
verwendet, die eine bedarfsgerechte Reservierung von Speicherplatz während
des Programmablaufs ermöglichen.

8.6   Programmaufbau

Im wesentlichen erfolgen zwei Schritte zur Ermittlung des Ergebniskörpers.
Zunächst werden die Facetten dem Innen- oder Außenteil zugeordnet. Erfor-
derlichenfalls werden alle auftretenden Schnitte berechnet. Im zweiten Schritt
wird der Ergebniskörper aus dem Außenteil des Haupt- und dem Innenteil des
Nebenkörpers zusammengesetzt (siehe auch Bild 8-4). Dieser Vorgang beinhaltet auch die Paarauswahl, für die alle Schnitte der betreffenden Linie mit
dem Gegenkörper bekannt sein müssen.

Es erscheint daher sinnvoll, das Programm in zwei Hauptblöcke aufzuteilen:
Zunächst werden alle Schnittberechnungen durchgeführt. Im zweiten Block erfolgt der Aufbau des aus der Subtraktion resultierenden Körpers.

Bild 8-14 faßt den Programmablauf zusammen: Zunächst wird in einer Schleife
über alle Facetten des Hauptkörpers der Schnitt mit dem Gegenkörper (bzw.
den Facetten des Gegenkörpers) berechnet. Als Ergebnisse werden die Linien-
schnittpunkte sowie die entstehenden Schnittlinien zwischen je zwei Facetten
gespeichert.

Bei jeder Schnittberechnung werden die Ergebnisse jeweils auch in die Datenstruktur des Gegenkörpers eingetragen. Nach Durchlaufen aller Hauptkörper-

Berechnungsteil

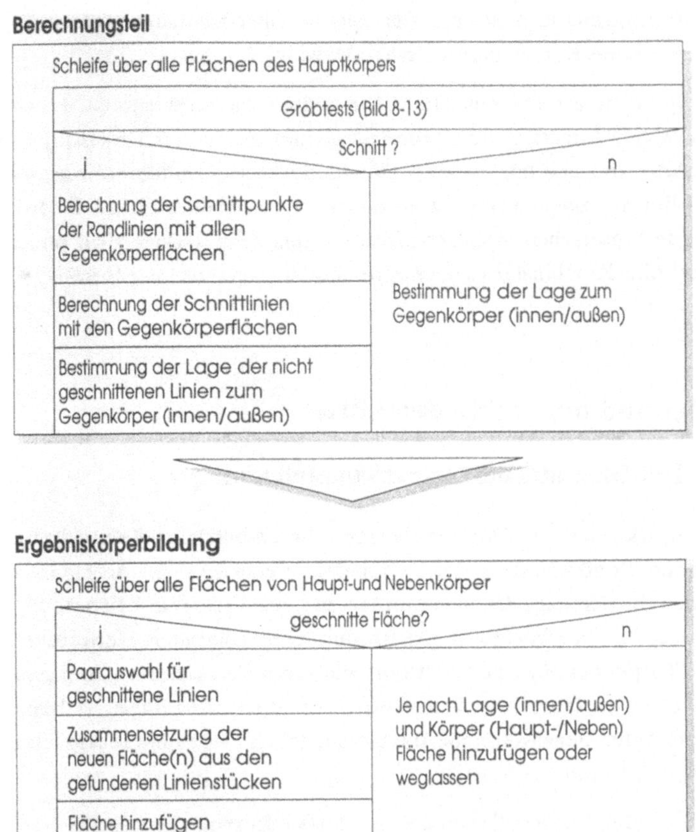

Bild 8-14:   Programmaufbau

flächen sind auch alle Schnitte der Gegenkörperflächen bekannt. Anschließend werden die Lagen der nicht geschnittenen Flächen und Linien bestimmt. Da kein Schnitt vorliegt genügt die Überprüfung je eines Punktes.

Aus den ermittelten Daten wird im zweiten Programmteil der Ergebniskörper zusammengesetzt. Für jeden Ausgangskörper wird eine Schleife über alle Flächen durchlaufen. Je nach Lage der Fläche (innerhalb oder außerhalb) wird diese dem neuen Körper hinzugezählt oder weggelassen.

Die zweigeteilte Struktur ermöglicht für weitere Anwendungen (z. B. Erweiterung von CAD-Funktionalitäten) die Integration der anderen Boolschen Operationen (Addition und Intersektion). Bei identischen Schnittberechnungen müssen lediglich im zweiten Programmteil beim Zusammensetzen des Körpers entsprechende Unterscheidungen getroffen werden. Je nach Operation werden unterschiedliche Kombinationen der entstehenden vier Teilkörper benötigt.

8.7   Behandlung von Sonderfällen

8.7.1   Problematik der Grenzkonstellationen

Eine Komplikation des Verfahrens bringt die erforderliche Behandlung aller auftretenden Sonderfälle mit sich. Sonderfälle ergeben sich durch Grenzkonstellationen in der Lage der voneinander zu subtrahierenden Körper, die dazu führen, daß der beschriebene Algorithmus keine eindeutige Berechnung des Differenzkörpers ermöglicht. So ist beispielsweise bei der Aufteilung geschnittener Facetten in Innen- und Außenteil festzulegen, wie Linien zu behandeln sind, die auf der Gegenkörperoberfläche liegen, also weder eindeutig innerhalb noch außerhalb sind.

Die auftretenden Sonderfälle können nach der relativen Lage von Punkten, Linien und Facetten der Körper gegliedert werden. Bild 8-15 faßt die prinzipiell möglichen Konstellationen zusammen.

Für die möglichen Konstellationen müssen jeweils Einzellösungen gefunden werden, welche eine Eingliederung in das beschriebene Verfahren zur Volumensubtraktion ermöglichen.

Im folgenden soll anhand von ausgewählten Beipielen auf die Problematik der Grenzkonstellationen von Punkten, Linien und Flächen eingegangen und jeweils beispielhaft Lösungswege aufgezeigt werden.

Geometrieelemente von Körper 2

Geometrieelemente von Körper 1	Punkt	Linie	Fläche
Punkt	Punkt auf Punkt		
Linie	Punkt auf Linie	Linie schneidet Linie Linie ganz oder teilweise auf Gegenkörperlinie (Kolinearität)	
Fläche	Punkt in Fläche	Linie in Flächenebene * innerhalb der Fläche * außerhalb der Fäche * schneidet Umrandung	Flächen koplanar * Normalen gleichsinnig * Normalen gegensinnig

Bild 8-15:   Übersicht über die möglichen Grenzkonstellationen

8.7.2 Grenzlagen von Punkten

Die möglichen Grenzlagen eines Punktes zu Punkten, Linien oder Flachen des
Gegenkörpers bedeuten jeweils, daß der betrachtete Punkt auf der Oberfläche
des Gegenkörpers zu liegen kommt, sich also weder eindeutig innerhalb noch
außerhalb des Körpers befindet. Dies wirkt sich auf das in Abschnitt 8.4.3.2
beschriebene Verfahren der Paarauswahl aus:

Die Lage des Anfangspunktes einer Linie ist dabei ausschlaggebend für die
Aufteilung in innerhalb und außerhalb des Gegenkörpers liegende Linien-
stücke. Die Paarauswahl basiert auf der Überlegung, daß ausgehend von einem
Punkt bekannter Lage der Status von auf der Linie liegenden Punkten bei je-
dem Schnittpunkt mit dem Gegenkörper zwischen innerhalb und außerhalb des
Gegenkörpers wechselt.

Bild 8-16 veranschaulicht an einem Beispiel, daß ausgehend von einem auf der Gegenkörperoberfläche liegenden Punkt am ersten Schnittpunkt sowohl ein Wechsel von innen nach außen als auch umgekehrt erfolgen kann.

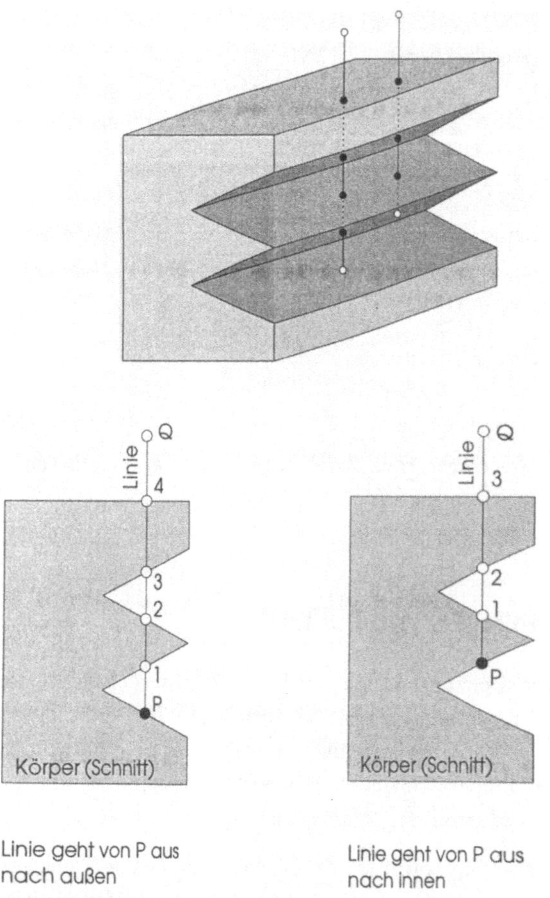

Bild 8-16:   ***Paarauswahl bei Anfangspunkt in Grenzlage***

Für die korrekte Durchführung der Paarauswahl muß also ermittelt werden, ob die Linie zwischen Anfangspunkt und dem ersten Schnittpunkt innerhalb oder außerhalb des Gegenkörpers verläuft. Diese Entscheidung kann anhand der Flächennormalen getroffen werden.

Da die Normale einer Fläche im Geometriemodell der Entwicklungsumgebung definitionsgemäß immer ins Körperinnere zeigt, kann aus dem Winkel zwischen Flächennormale und Linie auf die Lage der Linie geschlossen werden. Wie in Bild 8-17 schematisch dargestellt ist, zeigt eine Linie genau dann nach innen, wenn sie mit der entsprechenden Flächennormale einen Winkel kleiner 90° einschließt.

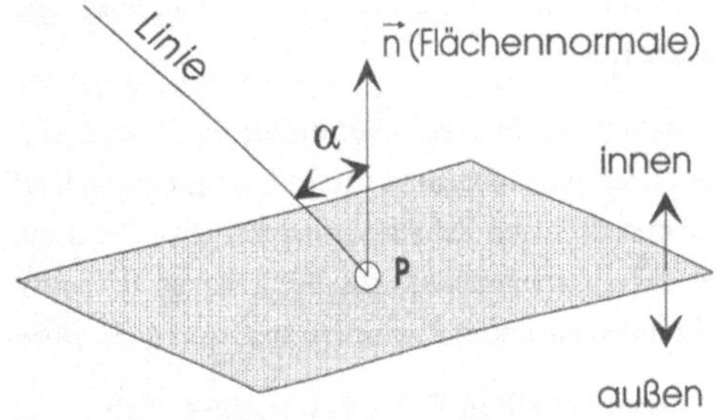

Bild 8-17:   Unterscheidung der Linienrichtung bei auf dem Gegenkörper liegenden Anfangspunkt

Liegt der untersuchte Punkt nicht in einer Fläche, sondern auf einer Kante oder gar einem Punkt des Gegenkörpers, so müssen im Fall der Kante zwei, im Fall des Punktes mindestens drei angrenzende Flächen in die Betrachtung einbezogen werden.

8.7.3   Grenzlagen von Linien

Die in Abschnitt 8.4 beschriebenen Verfahren (z.B. Paarauswahl, Zusammensetzen von Konturen) behandeln den Normalfall, daß die Schnittpunkte von Linien mit Flächen des Gegenkörpers im Inneren der Flächen zu liegen kommen. Linien können jedoch verschiedene Grenzlagen einnehmen, die einer gesonderten Behandlung bedürfen:

Liegt eine Linie in der Ebene einer Gegenkörperfläche, so ergeben sich im allgemeinen Fall mehrere Schnittpunkte der Linie mit der Flächenumrandung, die im Sinne der Paarauswahl nicht zwangsläufig einen Wechsel zwischen Körperinnerem und -äußerem bedeuten. Eine weitere Komplikation ergibt sich, wenn die betrachtete Linie und eine Linie der Flächenumrandung sich teilweise oder ganz überdecken (Kollinearität), da dann ein Schnittpunkt beider Linien nicht eindeutig bestimmbar ist.

Schneidet die betrachtete Linie den Gegenkörper in einer Linie oder einem Punkt, so liegt gleichzeitig ein Schnitt mit den angrenzenden Flächen vor. Die Behandlung dieser mehrfachen Schnittpunkte führt zu Problemen bei der Paarauswahl sowie bei der Zusammenfassung der Linienstücke zu einer neuen Fläche, auf die im folgenden an einem Beispiel eingegangen werden soll:

Bei dem in Bild 8-18 dargestellten Beispiel ergeben sich für die obere, vordere Kante des Würfels zwei identische Schnittpunkte mit benachbarten Facetten des Zylindermantels. Ein solcher doppelter Schnittpunkt wird bei der Paarauswahl als zweifacher Statuswechsel (innen/außen/innen oder außen/innen/außen) interpretiert, der in Summe zu keiner Veränderung führt. Dies führt nicht zwangsläufig zu einem korrekten Ergebnis. Die allgemeine Darstellung in Bild 8-19 zeigt, daß an einem doppelten Schnittpunkt zwei Möglichkeiten für die Beziehung der Linie zum geschnittenen Körper existieren:

- Die Linie berührt den Körper in der geschnittenen Kante
  (kein Statuswechsel).

- Die Linie durchdringt den Körper in der geschnittenen Kante
  (Statuswechsel).

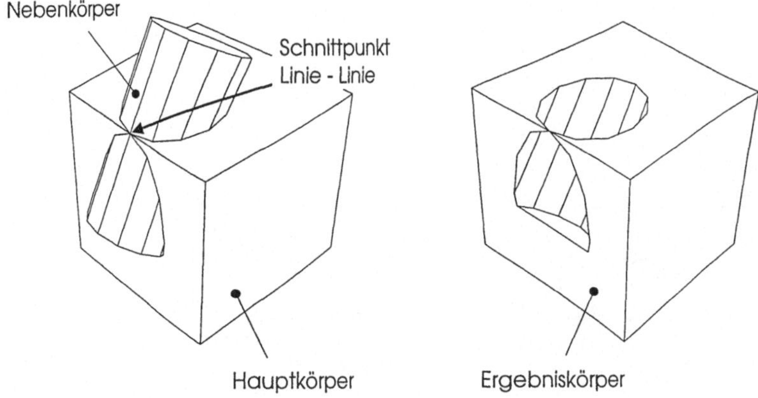

*Bild 8-18:   Ausgangs- und Ergebniskörper für ein Beispiel des Sonderfalls
"Linie schneidet Linie"*

Im Falle einer Berührung liefert die Paarauswahl mit den gefundenen zwei
Schnittpunkten das richtige Ergebnis, da der Status der Linie bei der Berührung zweimal wechselt (außen, innen mit Linienlänge 0, außen). Dringt die Linie in den Körper ein, erhält man ein falsches Ergebnis, da bei zwei Schnittpunkten der Linienstatus nur einmal wechselt. In diesem Fall wird einer der
Schnittpunkte aus der Datenstruktur gelöscht, so daß bei der Paarauswahl die
richtigen Teillinien entstehen.

Als Entscheidungskriterium können die Winkelbeziehungen zwischen der
schneidenden Linie und den Normalen der angrenzenden Flächen herangezogen werden. Bild 8-19 zeigt eine Projektion in eine zu beiden Flächennormalen
parallele Ebene. Die Linie dringt genau dann in den Körper ein, wenn sie mit
beiden Flächennormalen einen Winkel kleiner 90° einschließt, anschaulich gesprochen also in beide Flächen hineinzeigt (Normale zeigt nach innen). Berührt
die Linie den Körper nur, so wird mit einer der beiden Normalen ein Winkel
größer 90° eingeschlossen. In der anschaulichen Vorstellung bedeutet dies, daß
die Linie gleichzeitig in eine Fläche eindringt (Winkel kleiner 90°) und aus der
anderen herauszeigt (Winkel größer 90°).

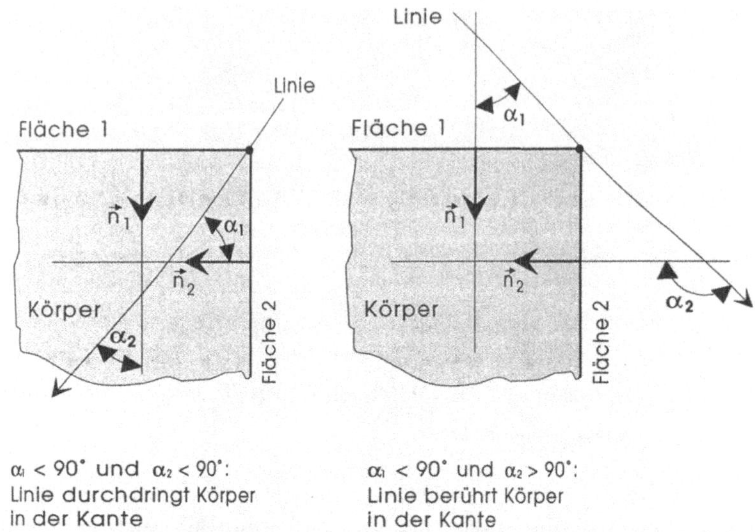

Bild 8-19:   *Winkelbeziehungen beim Schnitt Linie - Linie*

Im Beispiel aus Bild 8-18 liegt der Fall der Berührung vor: Der doppelte
Schnittpunkt führt bei der Paarauswahl zu einer durchgehenden Linie und damit zur richtigen Lösung.

Ein weiteres Problem bei dem behandelten Beispiel ergibt sich bei der Zusammenfassung der entstandenen Linien zu geschlossenen Flächen. Bei der in Abschnitt 8.4 beschriebenen Vorgehensweise werden die ermittelten Linienstücke
schrittweise zu geschlossenen Konturen zusammengesetzt. Durch den Schnitt
Linie-Linie ergibt sich bei der Ermittlung der Deckfläche des Ergebniskörpers
ein Verzweigungspunkt (Bild 8-20). Bei Erreichen des Verzweigungspunktes
muß entschieden werden, mit welcher Linie die Kontur der neuen Fläche fortzusetzen ist.

In der Geometriedatenstruktur der Entwicklungsumgebung ergibt sich der Umlaufsinn der Flächenberandung über die Rechte-Hand-Regel aus der Flächennormalen. Dies bedeutet bei Betrachtung der Fläche in Normalenrichtung (d. h. von außen), daß sich beim Umlauf immer rechts von der jeweiligen Linie Material befindet (Bild 8-20). Bei Erreichen der Verzweigung muß die Kontur also mit der Linie fortgesetzt werden, die am weitesten nach rechts zeigt.

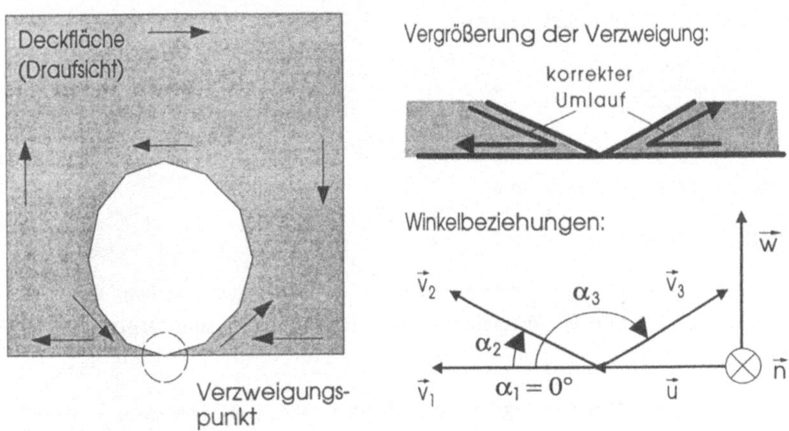

Bild 8-20:   *Deckfläche des entstehenden Körpers*

Mathematisch kann die Größe des eingeschlossenen Winkels zweier Vektoren über die Berechnung des Skalarproduktes bestimmt werden.

Es gilt:

$$\alpha_i = \arccos\left(\frac{\vec{u} \bullet \vec{v_i}}{|\vec{u}| * |\vec{v_i}|}\right) \qquad\qquad (8.4)$$

mit $0° < \alpha_i < 180°$

Der cosinus liefert keine Aussage über die Richtung, sondern nur über die Größe des Winkels. Zur Bestimmung der Richtung wird das Vektorprodukt der Flächennormalen $\vec{n}$ und des Linienvektors $\vec{u}$ herangezogen. Der Vektor

$$\vec{w} = \vec{n} \times \vec{u} \tag{8.5}$$

zeigt aufgrund der Definition des Vektorprodukts im rechten Winkel in das Flächeninnere (in Normalenrichtung rechts vom Linienvektor). Das normierte Skalarprodukt s mit

$$s = \frac{\vec{u} \bullet \vec{v_i}}{|\vec{u} \bullet \vec{v_i}|} \tag{8.6}$$

ergibt sich zu +1 für nach rechts gehende $\vec{v_i}$ und zu -1 für nach links gehende $\vec{v_i}$. Der Winkel β_i , mit

$$\beta_i = s * \alpha_i \tag{8.7}$$

kann zur Auswahl der Fortsetzungslinie herangezogen werden. Die Kontur ist mit der Linie $\vec{v_i}$ fortzusetzen, für die sich der größte Wert für β_i ergibt.

Im betrachteten Beispiel ergibt sich der in Bild 8-20 dargestellte Verlauf der Randkontur.

8.7.4   Grenzlagen von Flächen

Besonders komplexe Konstellationen ergeben sich, wenn am Schnitt koplanare Flächen von Haupt- und Nebenkörper beteiligt sind, also Flächen, die in einer gemeinsamen Ebene liegen und sich überlappen.

Zunächst muß dabei unterschieden werden, ob der Nebenkörper den Hauptkörper nur von außen berührt oder diesen von innen berührt und damit durchdringt. Im Falle einer Berührung von außen wird die Hauptkörperfläche nicht verändert, während die Durchdringung beider Körper zu einer Veränderung der Hauptkörperfläche führt (Bild 8-21).

Auf der Basis der beschriebenen Geometriedatenstruktur können beide Fälle anhand der Flächennormalen unterschieden werden: Eine Durchdringung liegt vor, wenn die Normalen gleichsinnig orientiert sind; bei gegensinniger Orien-

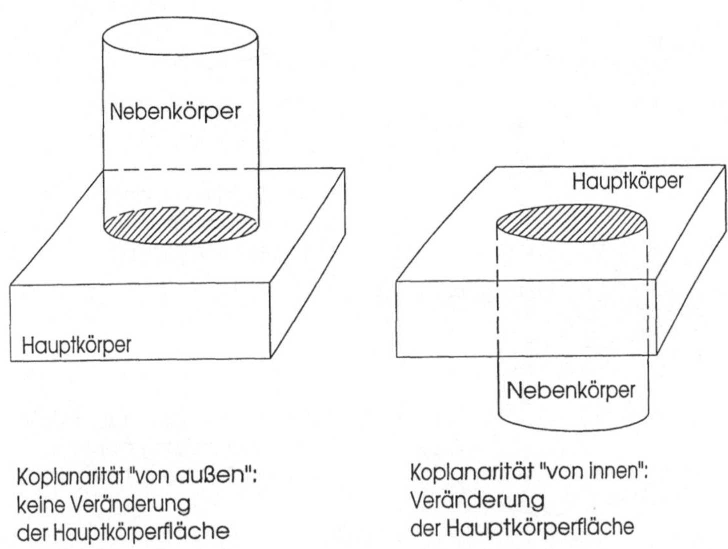

Bild 8-21:   Unterschiedliche Behandlung bei Koplanarität "von innen" und "von außen"

tierung berühren sich der Haupt- und der Nebenkörper in der betrachteten Fläche.

Die Behandlung koplanarer Flächen wird insbesondere durch die Handhabung koplanarer Linien erschwert. In Abschnitt 8.7.3 wurde bereits auf die Problematik der mehrfachen Schnitte zwischen einer Linie und einer Flächenumrandung hingewiesen.

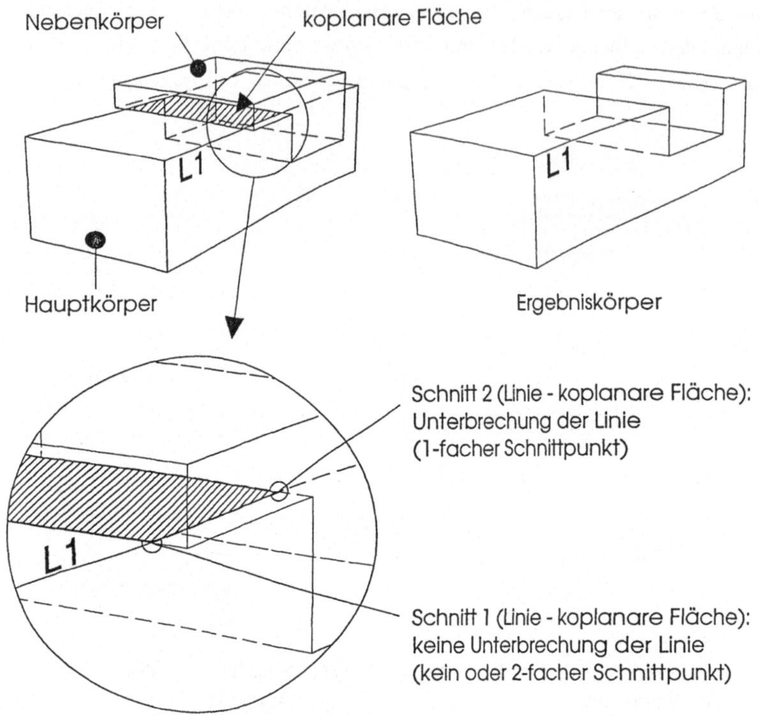

Bild 8-22:   ***Problematik koplanarer Linien***

Bild 8-22 zeigt an einem Beispiel, daß die Interpretation der ermittelten Schnittpunkte zusätzlich von den Eigenschaften der angrenzenden Flächen abhängt:

In dem abgebildeten Beispiel wird ein gestufter Körper von einem Quader subtrahiert, wobei eine Stufenfläche des Nebenkörpers koplanar auf der Deckfläche des Quaders liegt. Die mit "L1" bezeichnete Hauptkörperlinie schneidet die Umrandung der koplanaren Stufenfläche in zwei Punkten. Während der erste Schnitt ohne Einfluß auf die Linie bleibt, muß diese am zweiten Schnitt unterbrochen werden. Diese Unterscheidung ist darin begründet, daß die Lage der angrenzenden Flächen für das Vorliegen eines Statuswechsels (innen/außen) bestimmend ist.

Eine weitere Komplikation des Verfahrens ergibt sich, wenn die angrenzenden Flächen wiederum Sonderfälle darstellen.

Für eine fehlerfreie Behandlung auch komplexer Konstellationen sind also eine Vielzahl von Fallunterscheidungen erforderlich, auf die aus Gründen des Umfangs nicht näher eingegangen wird.

8.8 Bearbeitungsbeispiel

Die Leistungsfähigkeit des entstandenen Programms soll am Beispiel der Fertigung eines prismatischen Werkstückes (2 1/2 D), das in zwei Aufspannungen auf verschiedenen Maschinen gefräst wird, verdeutlicht werden: Bild 8-23 zeigt in einer Bildfolge verschiedene Stufen der Bearbeitung:

Ausgangspunkt ist die Rohteilgeometrie, die in der Simulation auf ein entsprechendes Maschinenmodell aufgespannt wird. Während der Simulation der Bearbeitung wird nach jedem Programmschritt die aktuelle Werkstückgeometrie berechnet und am Bildschirm dargestellt. Die Bildfolge in Bild 8-23 beginnt mit der Werkstückgeometrie zu Beginn des zweiten NC-Programmes.

Das auf der ersten Maschine gefertigte Werkstück wird umgespannt, um auf einer zweiten Maschine fertig bearbeitet zu werden. Die Spannung kann anhand der aktuellen Zwischengeometrie des Werkstücks festgelegt und dokumentiert werden. Die Bildfolge zeigt auch beispielhaft den Ablauf bei einem NC-Satz mit Anfahrposition (Bild oben rechts), Werkzeugspurvolumen am Ende der Bewegung (Bild Mitte links) und der aktualisierten Werkstückgeometrie (Bild Mitte rechts).

Trotz kontinuierlicher Mitführung der Werkstückgeometrie läuft die Bearbeitung in der Simulation schneller als an der realen Maschine ab. Die Aktualisierung der Werkstückgeometrie nach jedem NC-Satz beansprucht zwischen ca. 0.5 und 5 Sekunden (UNIX-Workstation Evans & Sutherland ESV 30).

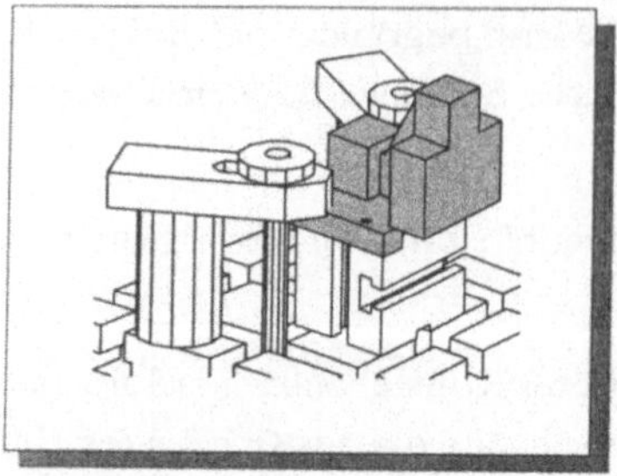

Werkstück und Aufspannung zu
Beginn des NC-Programms

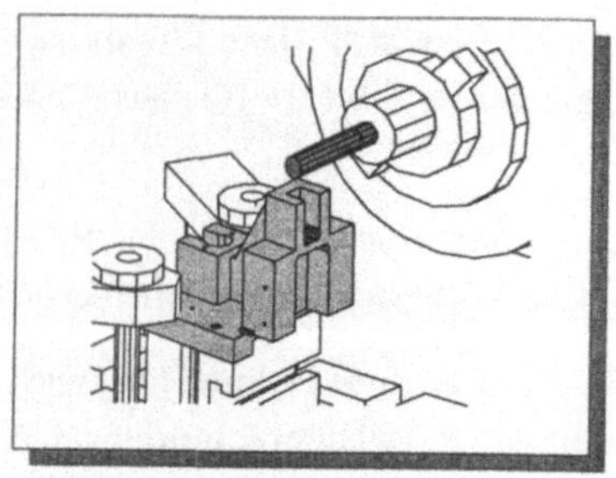

Werkzeugposition vor Ausführen
eines NC-Befehls

Berechnung der Volumenspur
der Werkzeugbewegung

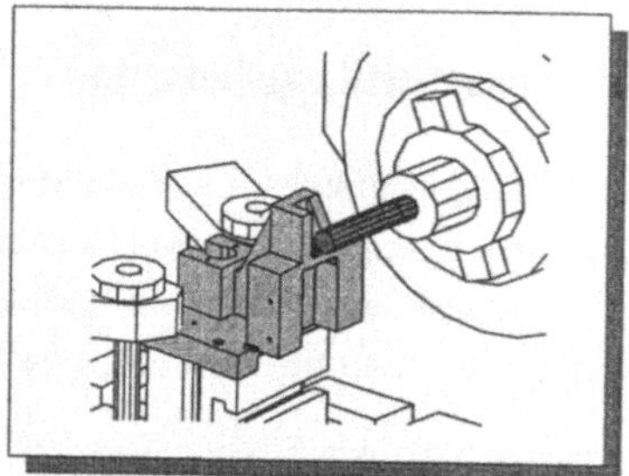

Berechnung der aktualisierten
Werkstückgeometrie

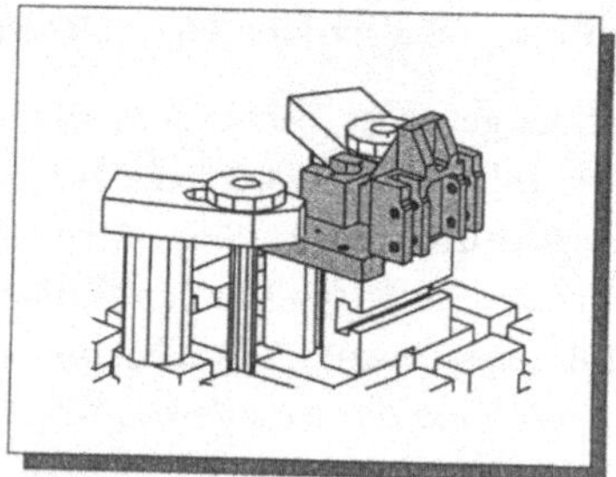

Fertigteilgeometrie nach Ende
des NC-Programmes

Bild 8-23:   *Bearbeitungsbeispiel: Fräsbearbeitung eines prismatischen Werkstückes*

Die schnelle Antwortzeit ist wesentlich auf die konsequente Reduzierung des Rechenaufwandes durch Bounding-Box-Tests zurückzuführen. Eine Auswertung des Simulationslaufs ergab folgende Werte:

Beim der Simulation der beiden NC-Programme des Testbeispiels ist bei insgesamt 84 NC-Sätzen das Werkzeug im Eingriff, es muß als 84 mal die Volumensubtraktion durchgeführt werden. Aus dem Rohteil mit 32 begrenzenden Flächen entsteht schrittweise das Fertigteil, welches aus 416 Einzelflächen zusammengesetzt ist. Über alle NC-Sätze gemittelt weist das "durchschnittliche Werkstück" im Beispiel 294, die Volumenspur des Werkzeuges 18 Flächen auf.

Ohne die in Abschnitt 8.5 beschriebenen Grobtests müßten durchschnittlich mehr als 5200 Flächenpaarungen pro Bearbeitungsschritt miteinander verschnitten werden. Die Grobtests führen zu einer signifikanten Reduzierung des Rechenaufwandes:

Von den durchschnittlich beteiligten 312 Flächen (Werkstück und Volumenspur des Werkzeugs) können 267 im ersten Test (Flächen-Bounding-Box gegen Körper-Bounding-Box) ausgeschieden werden. Die verbleibenden Flächen können mit Hilfe der Tests Flächenbox gegen Flächenbox von 87 auf 31 zu untersuchende Paarungen reduziert werden. Nur für diese 31 Paarungen muß der Flächenschnitt berechnet werden. Insgesamt können im Beispiel also über 99% der möglichen Flächenpaarungen durch Grobtests ausgeschieden werden, wodurch die Echtzeitfähigkeit der Volumensubtraktion erreicht wird.

Auch die Notwendigkeit der vollständigen Behandlung der möglichen Sonderfälle wird aus der Auswertung deutlich. Insgesamt traten auf:

- 649 Grenzlagen von Punkten

- 1019 Grenzlagen von Linien

- 82 Fälle koplanarer Flächen.

Das Beispiel macht deutlich, daß Grobtests und die korrekte Behandlung der auftretenden Sonderfälle unbedingte Voraussetzungen für einen Einsatz der Volumensubtraktion zur Echtzeitsimulation der spanenden Bearbeitung sind.

8.9   Erreichter Stand der Bearbeitungssimulation

Für das graphische 3D-Simulationssystem AnySIM, welches im Rahmen dieser Arbeit als Entwicklungsumgebung verwendet wurde, wurde die Möglichkeit geschaffen, den Bauteilabtrag bei der Bearbeitungssimulation darzustellen.

Kernstück der Entwicklung ist ein Modul zur Berechnung der Boolschen Subtraktion zweier dreidimensionaler Volumenmodelle. Aufwendige Routinen zur Behandlung der auftretenden Sonderfälle ermöglichen die fehlerfreie Berücksichtigung der bei der Bearbeitungssimulation auftretenden Grenzkonstellationen. Durch die systematische Ausscheidung nicht geschnittener Flächen auf der Basis von Bounding-Box-Tests konnte die erforderliche Rechenzeit erheblich reduziert werden.

Mit dem erreichten Entwicklungsstand des Simulationssystems kann die Fertigbarkeit eines Bauteils bereits bei der Planung überprüft werden. Für Arbeitsplanung, NC-Programmierung, Spannplanerstellung sowie die Erzeugung von Zeichnungen, die den Bearbeitungszustand bei jedem Maschinen- bzw. Aufspannungswechsel darstellen, stehen die jeweils aktuellen Zwischengeometrien zur Verfügung.

Eine integrierte Erstellung von Arbeitsplan und NC-Programm in der Simulation ist durch Einbindung der Funktionalitäten des in [KOEP 91] entwickelten Systems zur Arbeitsplan- und NC-Programmerstellung in die Maschinensimulation denkbar.

9   Zusammenfassung

Zielsetzung dieser Arbeit war es, den Prozeß der Produktentwicklung im Hinblick auf Zeit-, Qualitäts- und Kostengesichtspunkte zu optimieren. Ein besonderer Schwerpunkt wurde auf die herstellungsgerechte Gestaltung des Produktes gelegt.

Die Analyse der konventionellen Vorgehensweise ergab Defizite, die zu einem hohen Anteil organisatorisch bedingt sind. Arbeitsteilige Strukturen führen zu Informationsverlusten und Doppelarbeit. Besonders problematisch ist dabei der mangelnde Rückfluß von Informationen in die Konstruktion zu bewerten. Rechnerhilfsmittel, die einzelne Tätigkeiten unterstützen, haben zu einer Festigung der Strukturen geführt.

Ansätze des Simultaneous Engineering stellen eine Möglichkeit zur Verbesserung der Abläufe dar. Die meist unverbindliche Regelung der Zusammenarbeit macht den Erfolg jedoch stark abhängig von den jeweils im Team befindlichen Personen.

Der verfolgte Ansatz sieht die Einführung von dokumentierten Gestaltungsspielräumen im Produktmodell vor. Diese sogenannten Freiräume führen zu einer Aufteilung des Produktes in funktionsbestimmende Bereiche, deren Definition dem Konstrukteur obliegt und in nach herstellungstechnischen Gesichtspunkten variierbare Merkmale, die bei der Detaillierung von der Arbeitsplanung festgelegt werden. Diese Formalisierung macht das Vorgehen weitgehend unabhängig von der Kommunikationsbereitschaft und Initiative der Beteiligten.

Es wurde ein Modell der Zusammenarbeit entwickelt, das sowohl eine frühzeitige Einbeziehung von Arbeits- und Montageplanung (und weiterer Funktionsbereichen) als auch eine Mitwirkung des Konstrukteurs bei der Detaillierung vorsieht. Aufgrund der entstandenen starken informatorischen Vernetzung verschiedener Abteilungen wurden Methoden des Projektmanagements als geeignete Hilfsmittel bei der Produktentwicklung herausgearbeitet. Entsprechende Grundsätze wurden bei der Festlegung der Ablauf- und der Aufbauorganisation berücksichtigt.

Es wurde streng darauf geachtet, zunächst geeignete Abläufe festzulegen und erst im zweiten Schritt Anforderungen an unterstützende Rechnerhilfsmittel abzuleiten. Dies ermöglicht, anstatt der Abbildung arbeitsteiliger Strukturen auf arbeitsteilige CA-Systeme, eine Aufgabenintegration durchzuführen und durch integrative Rechnerhilfsmittel zu unterstützen.

Die entwickelten Abläufe können weitgehend mit verfügbaren Hilfsmitteln durchgeführt werden. Eine besondere Bedeutung im Hinblick auf eine weitreichende Aufgabenintegration ist der Simulationstechnik beizumessen. Neben der frühzeitigen Überprüfung der Produktfunktion ist vor allem die Möglichkeit einer integrierten Erstellung von Herstellungsunterlagen hervorzuheben.

Aufbauend auf verschiedenen Vorarbeiten wurde das Konzept einer umfassenden Simulationsunterstützung bei der Produktentwicklung dargestellt. Die für die Realisierung noch fehlende Funktionalität der Simulation der Bauteilveränderung bei der Bearbeitung (Volumensubtraktion) wurde in das Simulationssystem AnySIM integriert. Kernstück ist dabei ein Modul zur Berechnung der Boolschen Subtraktion zweier Objekte. Der erreichte Stand ermöglicht die Überprüfung der Herstellbarkeit eines Bauteils sowie die Erstellung von Montage- und Fertigungsunterlagen. Bei Realisierung der in Kapitel 8 angesprochenen Entwicklungsziele sind weitere erhebliche Vereinfachungen zu erwarten.

Die dargestellten Vorgehensweisen wurden bewußt allgemein gestaltet, um die breite Einsetzbarkeit zu gewährleisten. Je nach Produkt und Unternehmen wird jeweils eine Anpassung und Detaillierung des Konzeptes erforderlich sein.

In Kapitel 6.6 wurde versucht, qualitative Aussagen über die durch die Umgestaltung des Entwicklungsprozesses erreichbaren Vorteile zu treffen. Eine quantitative Beurteilung bedarf der Umsetzung der beschriebenen Konzepte in Pilotprojekten.

10 Literaturverzeichnis

[ADAM 91] Adam, H. W. ; Löhr, V.: Bedeutung von Qualitätssicherungssystemen in der entstehenden Haftungssgesellschaft. In: QZ 36 (1991) 1, S. 24-26

[AHRE 91] Ahrens, D. ; Breitling, F. ; Sachs, K.-H.: Angebote mit wissensbasierten Systemen erstellen. In: ZWF 86 (1991) 2, S. 92-96

[ALLE 77] Allen, T. J.: Managing the Flow of Technology. The MIT Press, Cambridge, Massachusetts, USA, 1977

[ARBE 91a] Arbeitskreis "Moderne CIM-Strukturen": Moderne CIM-Strukturen. Nicht veröffentlichter Abschlußbericht des Arbeitskreises "Moderne CIM-Strukturen". Institut für Montageautomatisierung GmbH, München, 1991

[ARBE 91b] Arbeitskreis "Moderne CIM-Strukturen": Nicht veröffentlichte Protokollsammlung des Arbeitskreises "Moderne CIM-Strukturen". Institut für Montageautomatisierung GmbH, München, 1991

[AWF 85] Ausschuß für wirtschaftliche Fertigung e.V. (AWF): Integrierter EDV-Einsatz in der Produktion. Begriffe, Definitionen, Funktionszuordnungen. Eschborn, 1985

[BALT 92] Baltschun, H.: Grundlagen und Entwicklungstendenzen von CAD-Systemen. In: Der Konstrukteur 3/92, S. 20 - 26

[BÄSS 88] Bäßler, R.: Integration der montagegerechten Produktgestaltung in den Konstruktionsprozeß. Berlin: Springer, 1988

[BAUR 91] Baur, E.: Elektronische Kataloge. In: Industrie-Anzeiger 113 (1991) 9, S. 26-28

[BEIT 79] Beitz, W.: Flexibles Vorgehen in der Konstruktion bei unterschiedlichen Aufgaben und Randbedingungen. In: Konstruktionspraxis im Umbruch. VDI-Berichte 347. Düsseldorf: VDI, 1979

[BEIT 89] Beitz, W.: Konstruktionsmethodik für die Praxis. In: Konstruktion 41 (1989), S. 403-405

[BMFT 92]   Bundesministerium für Forschung und Technologie: Programm Qualitätssicherung 1992 - 1996. Pressedokumentation, 10/92

[BOOT 83]   Boothroyd, G. ; Dewhurst, P.: Design for Assembly Handbook. University of Massachusetts, Amherst, Massachusetts, USA, 1983

[BRAC 88]   Brachtendorf, T.: Konzeption eines Informationssystems für die fertigungsgerechte Konstruktion. RWTH Aachen, Dissertation, 1988

[BREU 90]   Breuer, H. ; Dupp, G.; Schmitz, J.; Tüllmann, R.: Einheitliche Werkstoffdatenbank - eine Idee setzt sich durch. In: Kunststoffe 80 (1990) 11, S. 1289-1294

[BRON 76]   Bronstein, I.: Taschenbuch der Mathematik. 16. Aufl. Thun: Harri Deutsch, 1976

[BUCH 87]   Buchholz, G.: Rechnergestützte Konstruktion von Varianten - Entwicklung eines Programm-Moduls zur Speicherung konstruktiver Abhängigkeiten. RWTH Aachen, Dissertation, 1987

[BULL 90]   Bullinger, H.-J. ; Wasserloos, G.: Reduzierung der Produktentwicklungszeiten durch Simultaneous Engineering. In: CIM Management 6 (1990) 6, S. 4-12

[DAHL 90]   Dahl, B.: Entwicklung eines Konstruktionssystems zur Unterstützung der montagegerechten Produktgestaltung. RWTH Aachen, Dissertation, 1990

[DENZ 88]   Denzel, H.: Einige Aspekte einer intelligenten Entwurfs- und Konstruktionsunterstützung. In: Datenverarbeitung in der Konstruktion '88. CAD in Maschinenbau und Fahrzeugtechnik. VDI Berichte 700.2. Düsseldorf: VDI, 1988

[DIES 88]   Diess, H.: Rechnerunterstützte Entwicklung flexibel automatisierter Montageprozesse. TU München, iwb, Forschungsberichte Band 11. Berlin: Springer, 1988

[DIN 4000]   Norm DIN 4000 Teil 1. Sachmerkmalleisten, Begriffe und Grundsätze. Berlin: Beuth, 1981

[DIN 69901]   Norm DIN 69901. Projektmanagement, Begriffe. Berlin: Beuth, 1980

[DWOR 90]   Dworatschek, S. ; Hayek, A.: Marktspiegel Projektmanagement-
            Software. Köln: TÜV Rheinland, 1990

[EHRL 80]   Ehrlenspiel, K.: Möglichkeiten zum Senken der Produktkosten -
            Erkenntnisse aus einer Auswertung von Wertanalysen. In: Kon-
            struktion 32 (1980) Nr. 5, S. 173-178

[EHRL 85a] Ehrlenspiel, K.: Kostengünstig Konstruieren. Heidelberg: Sprin-
            ger, 1985

[EHRL 85b] Ehrlenspiel, K.: Integration von Konstruktion und Arbeitsvorbe-
            reitung durch CAD. In: iwb: Kolloquium automatische Produkti-
            onssysteme (Tagungsband, iwb, München, 1985)

[EHRL 87]   Ehrlenspiel, K.: Konstruktionslehre I - Grundlagen und Metho-
            denbaukasten zum funktionsgerechten Konstruieren. TU Mün-
            chen, Vorlesungsskriptum, 1987

[EHRL 91]   Ehrlenspiel, K.: Integrierte Produkterstellung: Organisation -
            Methoden - Hilfsmittel. In: Milberg, J. (Hrsg.): Wettbewerbsfak-
            tor Zeit in Produktionsunternehmen. Berlin: Springer, 1991

[EHRL 93a] Ehrlenspiel, K. ; Milberg, J. ; Schuster, G. ; Wach, J.: Rechnerin-
            tegrierte Produktkonstruktion und Montageplanung. In: CIM Ma-
            nagement 9 (1993) 2, S. 23-28

[EHRL 93b] Ehrlenspiel, K.: Möglichkeiten der Gestaltung der Schnittstelle
            zwischen Konstruktion und Arbeitsvorbereitung: Fachdiskussion
            mit dem Verfasser. 1993-06-24 18.30-19.30 Uhr, München

[EIGN 82]   Eigner, M. ; Maier, H.: Einführung und Anwendung von CAD-
            Systemen. München: Hanser, 1982

[EVER 80]   Eversheim, W.: Organisation in der Produktionstechnik. Band 3:
            Arbeitsvorbereitung. Düsseldorf: VDI, 1980

[EVER 81]   Eversheim, W.: Organisation in der Produktionstechnik. Band 1:
            Grundlagen. Düsseldorf: VDI, 1981

[EVER 82]   Eversheim, W.: Organisation in der Produktionstechnik. Band 2:
            Konstruktion. Düsseldorf: VDI, 1982

[EVER 89a] Eversheim, W. ; Ottenbruch, P.: Bearbeitung von Norm- und Zu-
            kaufteilen mit CAD. In: Industrieanzeiger 11 (1989) 20, S. 27-31

[EVER 89b]   Simultaneous Engineering - eine organisatorische Chance. In: Simultaneous Engineering. VDI Berichte 758. Düsseldorf: VDI, 1989

[EVER 90a]   Eversheim, W. ; Linnhoff, M. ; Saretz, B. ; Dietrich, K.: Aufträge montageorientiert abwickeln. In: Industrieanzeiger 112 (1990) 68, S. 16-18

[EVER 90b]   Eversheim, W.: Produktgestaltung zwischen Markt und Produktion. In: Wettbewerbsfaktor Produktionstechnik. Aachener Werkzeugmaschinen-Kolloquium 1990. Düsseldorf: VDI, 1990

[EVER 90c]   Eversheim, W. ; Dahl, B. ; Marczinski, G. ; Holland, M.: CAD-Systeme und NC-Programmiersysteme koppeln. In: ZwF 85 (1990) 5, S. 267-271

[FAG 91]   FAG: Detailgetreue Wälzlagerdarstellung mit CAD. Schweinfurt, 1991 (WL 40137 DA). - Firmenschrift

[FANG 92]   Fanger, B. ; Lacey, E.: Hürdensprint in der Produktentwicklung. In: io Management Zeitschrift 61 (1992) 5, S. 81-84

[FEST 91]   FESTO: Konstruktion per Knopfdruck. Esslingen, 1991. - Firmenschrift

[FINK 90]   Finkenwirth, K.: Fertigungsgerechtes Konstruieren mit CAD - Konzept eines Konstruktionssystems zur Informationsverarbeitung. Universität Erlangen, Dissertation, 1990

[FIZT 91]   FIZ - Technik: Online Service - Datenbanken, Dienstleistungen und Preise. Frankfurt, 1991. - Firmenschrift

[FOX 87]   Fox, M. S.: Industrial Applications of artificial intelligence. In: Artificial intelligence in manufactoring, key to integration? Amsterdam: North Holland, 1987

[FRIT 90]   Fritz, R. ; Muschiol, M. ; Schäfer, G.: Ist-Zustand und Perspektiven der CAD/CAM-Technologien. In: ZWF 85 (1990) 10, S. 526-530

[FUHR 91]   Fuhrberg-Baumann, J. ; Müller, R.: Neugestaltung der Auftragsabwicklung. In: VDI-Z 133 (1991) 7, S. 52-57

[GAUS 92]   Gausemeier, J.: Integratives Denken und Handeln in der rechnerintegrierten Produktion. In: CIM Management 8 (1992) 1, S. 10-17

[GRAB 89]   Grabowski, H.; Anderl, R.; Schmitt, M.: Produktmodellkonzept von STEP. In: VDI-Z 131 (1989) 12, S. 84-96

[GRAB 90]   Grabowski, H.: Bedeutung der Normung von Produktmodelldaten in CIM. In: Rechnerintegrierte Konstruktion und Produktion. VDI Berichte 830. Düsseldorf: VDI, 1990

[GRAB 92]   Grabowski, H. ; Langlotz, G. ; Rude, S.: 25 Jahre CAD in Deutschland - Standortbestimmung und notwendige Entwicklungen. In: Datenverarbeitung in der Konstruktion '92. Plenarvorträge. VDI Berichte 993. Düsseldorf: VDI, 1992

[GROE 90]   Groeger, B.: Ein System zur rechnergestützten und wissensbasierten Bearbeitung des Konstruktionsprozesses. In: Konstruktion 42 (1990), S. 91-96

[GRÖS 92]   Grössl, H.: Wieviel 3D braucht der Mensch? In: Konstruktionspraxis 22 (1992) 3, S. 22-23

[GROT 90]   Grottke, W.: CAD-Anwendungen für Konfiguration und Layout. In: CAD CAM CIM 3/90, S. 32-37

[HACK 91]   Hackstein, R. ; Köhl, E.: Datenintegration: Wunsch oder Wirklichkeit? In: CIM Management 7 (1991) 1, S. 30-34

[HARM 89]   Harmon, P. ; King, D.: Expertensysteme in der Praxis. München: Oldenbourg, 1989

[HART 90]   Hartmann, R.: Produkte mit offenem MCAE-Konzept entwickeln. In: ZwF 85 (1990) 10, S. 537-540

[HAUS 90]   Hauser, J.: Experten-Integration - Neue Chancen für die Produktentwicklung. In: Industriepraxis 10/90, S. 24-28

[HEIE 89]   Heiermann, K.: Simultaneous Engineering in der Kleinserienproduktion. In: Simultaneous Engineering. VDI Berichte 758. Düsseldorf: VDI, 1989

[HEIE 91]   Heiermann, K. ; Kummetsteiner, W.: Das zukünftige Zusammenspiel von Konstruktion und Planung. In: Milberg, J. (Hrsg.): Wettbewerbsfaktor Zeit in Produktionsunternehmen. Berlin: Springer, 1991

[HUBK 84]   Hubka, V.: Theorie technischer Systeme. Berlin: Springer, 1984

[IAO 90]   Bullinger, H.-J. (Hrsg.): IAO-Studie "F&E heute". München: GmfT, 1990

[KAIS 92]   Kaiser, J.: Eine neue Generation von CAD/CAM-Systemen. In: wt 82 (1992) 4, S. 38-40

[KELL 90]   Keller, G.; Baresch, M.: CAD-Systeme nach dem Baukastenprinzip. In: ZWF 85 (1990) 3, S. 160-163

[KLAS 85]   Klasmeier, U.: Kurzkalkulationsverfahren zur Kostenermittlung beim methodischen Konstruieren. TU Berlin, Dissertation, 1985

[KOEP 91]   Koepfer, T.: 3D-grafisch-interaktive Arbeitsplanung - ein Ansatz zur Aufhebung der Arbeitsteilung. TU München, iwb, Forschungsberichte Band 40. Berlin: Springer, 1991

[KOLL 78]   Kollmann, F.: Neues Berechnungsverfahren für elastisch-plastisch beanspruchte Querpreßverbände. In: Konstruktion 6/78, S. 271-275

[KOLL 85]   Koller, R.: Konstruktionslehre für den Maschinenbau. Berlin: Springer, 1985

[KOLL 88]   Kollmann, F. G. ; David, H. ; Hornung, P.: CONUS-M: Ein CAE-System für die rechnergestützte Auslegung von Maschinenelementen. In: Datenverarbeitung in der Konstruktion '88. CAD in Maschinenbau und Fahrzeugtechnik. VDI Berichte 700.2. Düsseldorf: VDI, 1988

[KRAU 87]   Krause, F.-L.: Fortgeschrittene Konstruktionstechnik durch neue Softwarestrukturen. In: ZWF 82 (1987) 5, S. 289-295

[KRAU 90]   Krause, F.-L.: Wissensverarbeitung für die rechnergestützte Produktgestaltung. In: ZWF 85 (1990) 5, S. 146-150

[KUMM 86]   Kummer, W.: Projektmanagement. Zürich: Industrielle Organisation, 1986

[KUMM 92]   Kummetsteiner, G.: Planung manueller Arbeitssysteme mit 3D-Simulation. In: pa Produktionsautomatisierung 1 (1992) 2, S. 34-37

[KUMM 93]   Kummetsteiner, G.: 3D-Bewegungssimulation als integratives Hilfsmittel zur Planung manueller Montagesysteme. TU München, Dissertationsmanuskript, 1993

[KUPP 88]   Kupper, H.: Produktdatenmodelle in CAD-Systemen. In: Daten-
            verarbeitung in der Konstruktion '88. CAD in Maschinenbau und
            Fahrzeugtechnik. VDI Berichte 700.2. Düsseldorf: VDI, 1988

[LAME 89]   Lamei-Moustafa, H.: Weiterverarbeitung von Konstruktions- zu
            Fertigungsunterlagen. Heidelberg: Hüthig, 1989

[LIM 92]   Lim, Y. S.: Kollisionskontrolle als Baustein eines modularen
            graphisch-dynamischen 3D-Simulationssystems für numerisch
            gesteuerte Mehrschlittendrehmaschinen. TU Berlin, Dissertation,
            1992

[LIND 86]   Von Lindeiner-Wildau, K.: Risiken und Risikomanagement im
            Anlagenbau. In: zfbf Sonderheft 7-8/92, S. 615-623

[LIND 93]   Lindl, M.: Auftragsleittechnik für die rechnerintegrierte Kon-
            struktion und Arbeitsplanung. TU München, Dissertationsmanu-
            skript, 1993

[LINN 92]   Linner, S.: Entwicklungszeiten verkürzen durch graphische Si-
            mulation. In: Datenverarbeitung in der Konstruktion '92. CAD
            im Maschinenbau. VDI Berichte 993.1. Düsseldorf: VDI, 1992

[LOOS 89]   Loos, U.: Auftragsabwicklung verbessern - aber wie? In: CIM-
            Management 5 (1989) 2, S. 15-19

[MADA 90]   Madauss, B. J.: Handbuch Projektmanagement. Stuttgart:
            Poeschl, 1990

[MARC 89]   Marczinski, G. ; Prengemann, U. ; Holland, M. ; Mittmann, B.:
            Anwendungsorientierte Analyse des zukünftigen Schnittstellen-
            standards STEP. In: ZwF 84 (1989) 8, S. 456-461

[MAUL 91]   Maulhardt, U.: Dynamisches Verhalten von Kreissägen. TU
            München, iwb, Forschungsberichte Band 38. Berlin: Springer,
            1991

[MEER 90]   Meerkamm, H. ; Finkenwirth, K.: Bauteilmodell als Komponente
            von Produktmodellen. In: ZwF 85 (1990) 5, S. 272-275

[MILB 88]   Milberg, J.: Wettbewerbsvorteile durch Stärkung der Integration.
            In: Milberg, J. (Hrsg.): Wettbewerbsvorteile durch Integration in
            Produktionsunternehmen. Berlin: Springer, 1988

[MILB 89]   Milberg, J. ; Diess, H.: Montagesimulation - ein leistungsfähiges
              Werkzeug für das montagegerechte Gestalten. In: Automobil-In-
              dustrie 4 (1989), S. 423-427

[MILB 90a]   Milberg, J. ; Koepfer, T.: Wettbewerbsvorteile durch rechnerin-
              tegrierte Konstruktion und Produktion. In: Rechnerintegrierte
              Konstruktion und Produktion. VDI-Berichte Nr. 830. Düsseldorf:
              VDI, 1990

[MILB 90b]   Milberg, J. ; Koepfer, T.: Rüstzeiten in der Einzelteil- und Klein-
              serienfertigung senken. In: Werkstatt und Betrieb 123 (1990) 1,
              S. 63-68

[MILB 91]   Milberg, J.: Wettbewerbsfaktor Zeit in Produktionsunternehmen.
              In: Milberg, J. (Hrsg.): Wettbewerbsfaktor Zeit in Produktions-
              unternehmen. Berlin: Springer, 1991

[MILB 92]   Milberg, J.: Effizienz- und Qualitätssteigerung bei der Produkt-
              und Produktionsgestaltung. In: IPK/IWF/WGP/IWF e.V./IMT:
              Markt, Arbeit und Fabrik (Vorträge der Produktionstechnischen
              Kolloquiums). Berlin: 1992

[MINO 75]   Minolla, W.: Rationalisierung in der Arbeitsplanung - Schwer-
              punkt Organisation. RWTH Aachen, Dissertation, 1975

[MUSC 88]   Muschiol, M.: Rechnerunterstützte Informationsbereitstellung
              für den Konstruktionsprozeß am Beispiel montageorientierter
              Gestaltungsrichtlinien. TU Berlin, Dissertation, 1988

[NEHE 85]   Neher, A.: Internes Projektmanagement in Großbetrieben. In:
              Zeitschrift Führung und Organisation (ZfO), 8/1985, S. 438-442

[N.N. 89]   N. N.: 100 Prozent 3D ist möglich. In: CAD/CAM 5/89, S. 48-55

[N.N. 90]   N.N.: Rechnerintegrierte Produktion - Produktdatenverarbeitung.
              Düsseldorf: VDI, 1990

[N.N. 92]   N. N.: Highlights aus Chicago - Messebericht Autofact. In: Ferti-
              gung 20 (1992) 1, S. 24-29

[PAHL 86]   Pahl, G.; Beitz, W.: Konstruktionslehre. Berlin: Springer, 1976

[PAHL 88]   Pahl, G.; Bachmann, T.: Entwurfsorientierte Modellierungsver-
              fahren für CAD-Systeme. In: Datenverarbeitung in der Konstruk-
              tion '88. CAD in Maschinenbau und Fahrzeugtechnik. VDI Be-
              richte 700.2. Düsseldorf: VDI, 1988

[PFRA 90]   Pfrang, W.: Rechnergestützte und grafische Planung manueller und teilautomatisierter Arbeitsplätze. TU München, iwb, Forschungsberichte Band 29. Springer Verlag, Berlin 1990

[PICK 88]   Pickel, H.: Kostenmodelle als Hilfsmittel zum kostengünstigen Konstruieren. Dissertation, TU München, 1988

[PLAT 86]   Platz, J.: Phasenorganisation. In: Schmelzer, H. J.: Projektmanagement in der industriellen Forschung und Entwicklung. Berlin: Springer 1986

[PÜN 91]   Pünsch, S.: Integrale Qualitätssicherung. In: Messen & Überwachen 4/91, S. 6-12

[RADE 89]   Radermacher, F. J.: Expertensysteme und Wissensbasierung - Stand der Technik in der Informatik. In: Expertensysteme in Entwicklung und Konstruktion. VDI Berichte 775. Düsseldorf: VDI, 1989

[RECK 90]   Reckmann, L.: Informationsverarbeitung in CIM-Systemen - ein Beitrag zum montageorientierten Informationsumsatz im Produktionsprozeß. Ruhr-Universität Bochum, Dissertation, 1990

[REFA 73]   REFA: Handbuch der Arbeitsvorbereitung. Teil 1: Arbeitsplanung. Berlin: Beuth, 1973

[REIT 89]   Reitzle, W.: Entwicklung und Fertigung - Konfrontation oder Kooperation? In: Werkstattechnik 79 (1989) 4, S. 380-382

[RODE 84]   Rodenacker, G.: Methodisches Konstruieren. Berlin. Springer, 1984

[ROSE 89]   Roser, T. ; Kaiser, H. ; Hirschmann, K.-H. ; Lechner, G.: Abbildung von Konstruktionsprozessen auf objektorientierte Programmstrukturen. In: Expertensysteme in Entwicklung und Konstruktion. VDI Berichte 775. Düsseldorf: VDI, 1989

[ROTH 82]   Roth, K.-H.: Konstruieren mit Konstruktionskatalogen. Berlin: Springer, 1982

[SAYN 79]   Saynisch, M.: Grundlagen des phasenweisen Projektablaufes. In: Saynisch, M.(Hrsg.): Projektmanagement - Konzepte, Verfahren, Anwendungen. München: TÜV Rheinland, 1979

[SCHE 90]   Scheer, A.-W.; Bock, R.: Konstruktionsbegleitende Kalkulation mit Expertensystem-Unterstützung. In: ZWF 85 (1990), S. 576-579

[SCHI 92]   Schinkel, G.: Mit Strategie zum Erfolg. In: KEM - Konstruktion Elektronik Maschinenbau 29 (1992) 8, S. 34-35

[SCHM 86]   Schmelzer, H. J.: Projektmanagement in der industriellen Forschung und Entwicklung. Berlin: Springer, 1986

[SCHM 88]   Schmidt, W.: Grafikunterstütztes Simulationssystem für komplexe Bearbeitungsvorgänge in numerischen Steuerungen. Berlin: Springer, 1988

[SCHR 92]   Schrüfer, N.: Erstellung eines 3D-Simulationssystems zur Reduzierung von Rüstzeiten bei der NC-Bearbeitung. TU München, iwb, Forschungsberichte Band 48. Berlin: Springer, 1992

[SCHU 92]   Schuster, G.: Rechnergestütztes Planungssystem für die flexibel automatisierte Montage. TU München, iwb, Forschungsberichte Band 55. Berlin: Springer, 1992

[SPUR 84]   Spur, G. ; Krause, F. L.: CAD-Technik. München: Hanser, 1984

[SPUR 90]   Spur, G. ; Lehmann, W. ; Schüle, A. ; Knupfer, S.: 3D-Bewegungssimulation - neuartige Vorgehensweise zur Werkzeugmaschinenentwicklung. In: VDI-Z 132 (1990), S. 10-13

[SPUR 91]   Spur, G.: Rationalisierung zeitbestimmender Arbeitsprozesse. In: Milberg, J. (Hrsg.): Wettbewerbsfaktor Zeit in Produktionsunternehmen. Berlin: Springer, 1991

[VDI 2210]   VDI (Hrsg.): VDI-Richtlinie 2210: Analyse des Konstruktionsprozesses im Hinblick auf den EDV-Einsatz. Düsseldorf: VDI, 1975

[VDI 2211]   VDI (Hrsg.): VDI-Richtlinie 2211: Methoden und Hilfsmittel - Aufgabe, Prinzip und Einsatz von Informationssystemen. Düsseldorf: VDI, 1980

[VDI 2213]   VDI (Hrsg.): VDI-Richtlinie 2213: Integrierte Herstellung von Konstruktions- und Fertigungsunterlagen. Düsseldorf: VDI, 1985

[VDI 2220]   VDI (Hrsg.): VDI-Richtlinie 2220: Produktplanung. Düsseldorf: VDI, 1980

[VDI 2221]　VDI (Hrsg.): VDI-Richtlinie 2221: Methodik zum Entwickeln und Konstruieren technischer Systeme und Produkte. Düsseldorf: VDI, 1986

[VDI 2222]　VDI (Hrsg.): VDI-Richtlinie 2222: Konstruktionsmethodik - Konzipieren technischer Produkte. Düsseldorf: VDI, 1977

[VDI 2235]　VDI (Hrsg.): VDI-Richtlinie 2235: Wirtschaftliche Entscheidungen beim Konstruieren. Düsseldorf: VDI, 1977

[VOLG 90]　Volger, A. H.: Simultaneous Engineering bei der Systementwicklung. In: CIM Management 6 (1990) 6, S. 13-16

[WAGN 91]　Wagner, W.: Dreidimensionales Konstruieren - die Arbeitsweise der Zukunft? In: CAD CAM CIM 5/91, S. 119-124

[WEST 92]　Westkämper, E.: Präventive Qualitätssicherung - Null-Fehler-Produktion in der Fabrik der Zukunft. In: Integrierte Qualitätssicherung in der Produktion. VDI-Berichte 996. Düsseldorf: VDI, 1992

[WIEN 83]　Wiendahl, H.-P.: Betriebsorganisation für Ingenieure. München: Hanser 1983

[WIEN 88]　Wienand, L.: Konzeption einer überbetrieblichen Werkzeugdatenbank. RWTH Aachen, Dissertation, 1988

[WILD 92]　Wildemann, H.: Qualitätsentwicklung in F&E, Produktion und Logistik. In: Zeitschrift für Betriebswirtschaft (ZfB) 62 (1992) 1, S. 23-41

[WILL 91]　Willenbacher, K.: Was erwarten die Betriebe von der Zeitwirtschaft? In: FB/IE 40 (1991) 1, S. 4-7

[WRBA 90]　Wrba, P.: Simulation als Werkzeug in der Handhabungstechnik. TU München, iwb, Forschungsberichte Band 25. Berlin: Springer, 1990

iwb Forschungsberichte

Berichte aus dem Institut für Werkzeugmaschinen und Betriebswissenschaften der Technischen Universität München

Herausgeber: Prof. Dr.-Ing. J. Milberg und Prof. Dr.-Ing. G. Reinhart

---

1 **Streifinger, E.**
Beitrag zur Sicherung der Zuverlässigkeit und Verfügbarkeit moderner Fertigungsmittel
1986. 72 Abb. 167 Seiten, ISBN 3-540-16391-3 — 68,- DM

2 **Fuchsberger, A.**
Untersuchung der spanenden Bearbeitung von Knochen
1986. 90 Abb. 175 Seiten, ISBN 3-540-16392-1 — 68,- DM

3 **Maier, C.**
Montageautomatisierung am Beispiel des Schraubens mit Industrierobotern
1986. 77 Abb. 144 Seiten, ISBN 3-540-16393-X — 68,- DM

4 **Summer, H.**
Modell zur Berechnung verzweigter Antriebsstrukturen
1986. 74 Abb. 197 Seiten, ISBN 3-540-16394-8 — 68,- DM

5 **Simon, W.**
Elektrische Vorschubantriebe an NC-Systemen
1986. 141 Abb. 198 Seiten, ISBN 3-540-16693-9 — 68,- DM

6 **Büchs, S.**
Analytische Untersuchungen zur Technologie der Kugelbearbeitung
1986. 74 Abb. 173 Seiten, ISBN 3-540-16694-7 — 68,- DM

7 **Hunzinger, I.**
Schneiderodierte Oberflächen
1986. 79 Abb. 162 Seiten, ISBN 3-540-16695-5 — 68,- DM

8 **Pilland, U.**
Echtzeit-Kollisionsschutz an NC-Drehmaschinen
1986. 54 Abb. 127 Seiten, ISBN 3-540-17274-2 — 68,- DM

9 **Barthelmeß, P.**
Montagegerechtes Konstruieren durch die Integration von Produkt- und Montageprozeßgestaltung
1987. 70 Abb. 144 Seiten, ISBN 3-540-18120-2 — 68,- DM

10 **Reithofer, N.**
Nutzungssicherung von flexibel automatisierten Produktionsanlagen
1987. 84 Abb. 176 Seiten, ISBN 3-540-18440-6 — 68,- DM

11 **Diess, H.**
Rechnerunterstützte Entwicklung flexibel automatisierter Montageprozesse
1988. 56 Abb. 144 Seiten, ISBN 3-540-18799-5 — 73,- DM

12 Reinhart, G.
Flexible Automatisierung der Konstruktion
und Fertigung elektrischer Leitungssätze
1988, 112 Abb. 197 Seiten, ISBN 3-540-19003-1   73,- DM

13 Bürstner, H.
Investitionsentscheidung in der rechnerintegrierten Produktion
1988, 77Abb. 190 Seiten, ISBN 3-540-19099-6   73,- DM

14 Groha, A.
Universelles Zellenrechnerkonzept für flexible Fertigungssysteme
1988, 74 Abb. 153 Seiten, ISBN 3-540-19182-8   73,- DM

15 Riese, K.
Klipsmontage mit Industrierobotern
1988, 92 Abb. 150 Seiten, ISBN 3-540-19183-6   73,- DM

16 Lutz, P.
Leitsysteme für rechnerintegrierte Auftragsabwicklung
1988, 44 Abb. 144 Seiten, ISBN 3-540-19260-3   73,- DM

17 Klippel, C.
Mobiler Roboter im Materialfluß eines flexiblen Fertigungssystems
1988, 86 Abb. 164 Seiten, ISBN 3-540-50468-0   73,- DM

18 Rascher, R.
Experimentelle Untersuchungen zur Technologie der Kugelherstellung
1989, 110 Abb. 200 Seiten, ISBN 3-540-51301-9   73,- DM

19 Heusler, H.-J.
Rechnerunterstützte Planung flexibler Montagesysteme
1989, 43 Abb. 154 Seiten, ISBN 3-540-51723-5   73,- DM

20 Kirchknopf, P.
Ermittlung modaler Parameter aus Übertragungsfrequenzgängen
1989, 57 Abb. 157 Seiten, ISBN 3-540-51724   73,- DM

21 Sauerer, Ch.
Beitrag für ein Zerspanprozeßmodell Metallbandsägen
1990, 89 Abb. 166 Seiten, ISBN 3-540-51868-1   78,- DM

22 Karstedt, K.
Positionsbestimmung von Objekten in der Montage-
und Fertigungsautomatisierung
1990, 92 Abb. 157 Seiten, ISBN 3-540-51879-7   78,- DM

23 Peiker, St.
Entwicklung eines integrierten NC-Planungssystems
1990, 66 Abb. 180 Seiten, ISBN 3-540-51880-0   78,- DM

24 Schugmann, R.
Nachgiebige Werkzeugaufhängungen für die automatische Montage
1990. 71 Abb. 155 Seiren, ISBN 3-540-52138-0   78,- DM

25 Wrba, P
Simulation als Werkzeug in der Handhabungstechnik
1990, 125 Abb., 178 Seiten, ISBN 3-540-52231-X   78,- DM

26 Eibelshäuser, P.
Rechnerunterstützte experimentelle Modalanalyse
mitells gestufter Sinusanregung
1990, 79 Abb., 156 Seiten, ISBN 3-540-52451-7   78,- DM

27 Prasch, J.
Computerunterstützte Planung von chirurgischen Eingriffen
in der Orthopädie
1990, 113 Abb., 164 Seiten, ISBN 3-540-52543-2   78,- DM

28 Teich, K.
Prozeßkommunikation und Rechnerverbund in der Produktion
1990, 52 Abb., 158 Seiten, ISBN 3-540-52764-8   78,- DM

29 Pfrang, W.
Rechnergestützte und graphische Planung manueller
und teilautomatisierter Arbeitsplätze
1990, 59 Abb., 153 Seiten, ISBN 3-540-52829-6   78,- DM

30 Tauber, A.
Modellbildung kinematischer Stukturen
als Komponente der Montageplanung
1990, 93 Abb., 190 Seiten, ISBN 3-540-52911-X   78,- DM

31 Jäger, A.
Systematische Planung komplexer Produktionssysteme
1991, 75 Abb., 148 Seiten, ISBN 3-540-53021-5   78,- DM

32 Hartberger, H.
Wissensbasierte Simulation komplexer Produktionssysteme
1991, 58 Abb., 154 Seiten, ISBN 3-540-53326-5   78,- DM

33 Tuczek H.
Inspektion von Karosseriepreßteilen auf Risse und Einschnürungen
mittels Methoden der Bildverarbeitung
1992, 125 Abb., 179 Seiten, ISBN 3-540-53965-4   88,- DM

34 Fischbacher, J.
Planungsstrategien zur strömungstechnischen Optimierung
von Reinraum-Fertigungsgeräten
1991, 60 Abb., 160 Seiten, ISBN 3-540-54027-X   78,- DM

35 Moser, O.
3D-Echtzeitkollisionsschutz für Drehmaschinen
1991, 66 Abb., 177 Seiten, ISBN 3-540-54076-8   78,- DM

36 Naber, H.
Aufbau und Einsatz eines mobilen Roboters mit
unabhängiger Lokomotions- und Manipulationskomponente
1991, 85 Abb., 139 Seiten, ISBN 3-540-54216-7   78,- DM

37 Kupec, Th.
Wissensbasiertes Leitsystem zur Steuerung flexibler Fertigungsanlagen
1991, 68 Abb., 150 Seiten, ISBN 3-540-54260-4   78,- DM

38 **Maulhardt, U.**
Dynamisches Verhalten von Kreissägen
1991, 109 Abb., 159 Seiten, ISBN 3-540-54365-1 78,– DM

39 **Götz, R.**
Stukturierte Planung flexibel automatisierter Montagesysteme
für flächige Bauteile
1991, 86 Abb., 201 Seiten, ISBN 3-540-54401-1 78,– DM

40 **Koepfer, Th.**
3D- grafisch-interaktive Arbeitsplanung – ein Ansatz
zur Aufhebung der Arbeitsteilung
1991, 74 Abb., 126 Seiten, ISBN 3-540-54436-4 78,– DM

41 **Schmidt, M.**
Konzeption und Einsatzplanung flexibel automatisierter
Montagesysteme
1992, 108 Abb., 168 Seiten, ISBN 3-540-55025-9 88,– DM

42 **Burger, C.**
Produktionsregelung mit entscheidungsunterstützenden
Informationssystemen
1992, 94 Abb., 186 Seiten, ISBN 5-540- 55187-5 88,– DM

43 **Hoßmann, J.**
Methodik zur Planung der automatischen Montage von nicht
formstabilen Bauteilen
1992, 73 Abb., 168 Seiten, ISBN 3-540-5520-0 88,– DM

44 **Petry, M.**
Systematik zur Entwicklung eines modularen Programm-
baukastens für robotergeführte Klebeprozesse
1992, 106 Abb., 139 Seiten ISBN 3-540-55374-6 88,– DM

45 **Schönecker, W.**
Integrierte Diagnose in Produktionszellen
1992, 87 Abb., 159 Seiten, ISBN 3-540-55375-4 88,– DM

46 **Bick, W.**
Systematische Planung hybrider Montagesyste unter
Berücksichtigung der Ermittlung des optimalen Automatisierungsgrades
1992, 70 Abb., 156 Seiten ISBN 3-540-55377-0 88,– DM

47 **Gebauer, L.**
Prozeßuntersuchungen zur automatisierten Montage
von optischen Linsen
1992, 84 Abb., 150 Seiten, ISBN 3-540- 55378-9 88,– DM

48 **Schrüfer, N.**
Erstellung eines 3D–Simulationssystems zur Reduzierung
von Rüstzeiten bei der NC–Bearbeitung
1992, 103 Abb., 161 Seiten, ISBN 3-540-55431-9 88,– DM

49 **Wisbacher, J.**
Methoden zur rationellen Automatisierung der Montage
von Schnellbefestigungselementen
1992, 77 Abb., 176 Seiten, ISBN 3-540-55512-9 88,– DM

50 **Garnich, F.**
Laserbearbeitung mit Robotern
1992, 110 Abb., 184 Seiten, ISBN 3-540- 55513-7 88,– DM

51 Eubert, P.
Digitale Zustandsregelung elektrischer Vorschubantriebe
1992, 89 Abb., 159 Seiten, ISBN 3-540-44441-2   88,– DM

52 Glaas, W.
Rechnerintegrierte Kabelsatzfertigung
1992, 67 Abb., 140 Seiten, ISBN 3-540-55749-0   88,– DM

53 Helml, H.J.
Ein Verfahren zur on-line Fehlererkennung und Diagnose
1992, 60 Abb., 153 Seiten, ISBN 3-540-55750-4   88,– DM

54 Lang, Ch.
Wissensbasierte Unterstützung der Verfügbarkeitsplanung
1992, 75 Abb., 150 Seiten, ISBN 3-540-55751-2   88,– DM

55 Schuster, G.
Rechnergestütztes Planungssystem für die flexibel
automatisierte Montage
1992, 67 Abb., 135 Seiten, ISBN 3-540-55830-6   88,– DM

56 Bomm, H.
Ein Ziel- und Kennzahlensystem zum Investitionscontrolling
komplexer Produktionssysteme
1992, 87 Abb., 195 Seiten, ISBN 3-540-55964-7   88,– DM

57 Wendt, A.
Qualitätssicherung in flexibel automatisierten Montagesystemen
1992, 74 Abb., 179 Seiten, ISBN 3-540-56044-0   88,– DM

58 Hansmaier, H.
Rechnergestütztes Verfahren zur Geräuschminderung
1993, 67 Abb., 156 Seiten, ISBN 3-540-56043-2   88,– DM

59 Dilling, U.
Planung von Fertigungssystemen unterstützt
durch Wirtschaftlichkeitssimulation
1993, 72 Abb., 146 Seiten, ISBN 3-540-56307-5   88,– DM

60 Strohmayr, R.
Rechnergestützte Auswahl und Konfiguration
von Zubringeeinrichtungen
1993, 80 Abb., 152 Seiten, ISBN 3-540-56652-X   88,– DM

61 Glas, J.
Standardisierter Aufbau anwendungsspezifischer
Zellenrechnersoftware
1993, 80 Abb., 145 Seiten, ISBN 3-540-56890-5   88,– DM

62 Stetter, R.
Rechnergestützte Simulationswerkzeuge zur
Effizienzsteigerung des Industrierobotereinsatzes
1994, 91 Abb., 146 Seiten, ISBN 3-540-568891   88,– DM

63 Dirndorfer, A.
Robotersysteme zur förderbandsynchronen Montage
1993, 76 Abb, 144 Seiten, ISBN 3-540-57031-4   88,– DM

64 Wiedemann, M.
Simulation des Schwingungsverhaltens spanender Werkzeugmaschinen
1993, 81 Abb., 137 Seiten, ISBN 3-540-57177-9   88,– DM

79 Zäh, M. F.
Dynamisches Prozeßmodell Kreissägen
1995, 95 Abb., 186 Seiten, ISBN 3-540-58624-5   88,– DM

80 Zwanzer, N.
Technologisches Prozeßmodell für die Kugelschleifbearbeitung
1995, 65 Abb., 150 Seiten, ISBN 3-540-58634-2   88,– DM

81 Romanow, P.
Konstruktionsbegleitende Kalkulation von Werkzeugmaschinen
1995, 66 Abb., 151 Seiten, ISBN 3-540-58771-3   88,– DM

82 Kahlenberg, R.
Integrierte Qualitätssicherung in flexiblen Fertigungszellen
1995, 71 Abb., 136 Seiten, ISBN 3-540-58772-1   88,– DM

83 Huber, A.
Arbeitsfolgenplannung mehrstufiger Prozesse in der Hartbearbeitung
1995, 87 Abb., 152 Seiten, ISBN 3-540-58773-X   88,– DM

84 Birkel, G.
Aufwandsminimierter Wissenserwerb für die Diagnose
in flexiblen Produktionszellen
1995, 64 Abb., 137 Seiten, ISBN 3-540-58869-8   88,– DM

85 Simon, D.
Fertignungsregelung durch zielgrößenorientierte Planung und
logistisches Störungsmanagment
1995, 77 Abb., 132 Seiten, ISBN 3-540-58942-2   88,– DM

Die Bände sind im Erscheinungsjahr und in den folgenden drei Kalenderjahren
zu beziehen durch den örtlichen Buchhandel
oder durch Lange & Springer, Otto-Suhr-Allee 26-28, 10585 Berlin